KB214657

양들은 목자가 신적 존재가 아니라 인간이라는 점을 간과해서는 안 된다. 다시 말해, 양들은 목자에게만 전적으로 의존해서는 자기의 생명을 안전하게 지킬 수 없다. 스스로 깨어있지 않으면 언제나 위험한 지경에 빠질 것이다. 과연 깨어 있음을 어떻게 시작하고 유지할 것인지, 그리고 깨어 있음이란 근본적으로 무엇을 의미하는 것인지, 우리의 영혼을 번뜩이게 하는 좋은 책이 나왔다. 이 책은 성도에게 쉽게 찾아드는 영적 나태함과 게으름과 불순종의 미혹의 실체를 알고 당당하게 물리치며, 기록된 계시의 가르침을 받은 그대로 믿음에 굳게 서서 감사가 넘치는 신앙생활을 할 수 있도록 큰 도움을 준다. 이 책은 그리스도인으로 살아가는 데 영적 힘을 얻는 비결이 무엇인지 확실하게 일깨워주는 판사의 명판결문과 같다. 이에 기쁨으로 추천하는 바이다.

**– 서창원 총신대학교 신학대학원 역사신학 교수**

성경을 사랑하고, 청교도를 사랑하고, 자신의 영혼을 사랑한다면 이 작은 책이 영적 만찬을 베풀고 기다리고 있으니 어서 와서 마음껏 영적 식욕을 채우라. 저자는 그동안 잊혀져 온 영적 훈련인 깨어 있음을 주제로 매우 교훈적인 책을 엮어 냈다. 그는 성경을 비롯해 오웬, 번연, 플라벨, 보스턴, 맥체인과 같은 거장들이 남긴 글을 토대로 지극히 풍요로운 진리의 태피스트리를 만들어 냈다. 이 작은 책을 나의 성경책과 나란히 놓고, 아침 경건 시간이나 가정 예배 때에 함께 읽을 생각을 하니 마음이 설렌다. 바라건대, 주 예수님이 이 놀라운 책을 도구로 삼아 자기 백성이 영적으로 더욱 깨어 있도록 도와주시기를 기도한다.

– 브라이언 보그먼 그레이스커뮤니티교회 목사


이 책은 율법폐기론적인 안일한 신앙주의가 만연한 시대에 심각한 화재 경보를 울리듯 두려움과 떨림으로 우리의 구원을 힘써 이루라고 강력하게 요구한다. 이제는 그래야 할 때가 되었다. 나는 20년 동안 사역하면서 깨어 있음이라는 긴박한 주제를 다룬 책은 고사하고, 짧은 글 한 편 읽어보지 못했다. 이렇게 절실히 필요한 책이 지금이라도 나와주어서 참으로 다행이다.

– 토드 프리엘 저술가, 라디오 진행자


이 책은 모든 그리스도인을 위한 책이다. 그리스도를 처음 믿는 신자든 오랫동안 신앙생활을 해온 신자든 그리스도인이라면 누구나 자기 자신과 서로를 부지런히 살펴야 한다는 중요한 사실을 이 책을 통해 새롭게 상기할 수 있다. 나는 조금도 주저하지 말고 당장 이 책을 읽고, 삶에 적용하라고 권하고 싶다. 저자는 이 귀한 책으로 교회를 위해 큰 봉사를 하였다.

– 제이슨 가우드 크로스앤크라운교회 교육목사

저자는 오웬, 번연, 맥체인, 칼빈과 같은 인물들의 가르침과, 경험 많은 목사요 지혜로운 목자인 저자 자신의 전문적인 지식을 토대로 그리스도인의 영혼을 세심하게 보살피고 있다. 그는 꼭 필요한데도 자주 무시되는 깨어 있음이라는 영적 훈련에 관해 가르친다. 그리스도를 더욱 즐거워하고, 자신의 영혼을 더욱 효과적으로 돌보고, 더욱 의도적으로 믿음이 충만한 삶을 살기를 원한다면 이 책을 열심히 읽으라. 그러면 영혼을 유익하게 하고, 그리스도께 헌신하는 삶의 씨앗을 심을 수 있을 것이다.

– 제이슨 헬로포울로스 유니버시티개혁교회 협동목사

오늘날, 신앙생활의 성장에 꼭 필요한 가장 근본적인 영적 훈련을 전혀 의식하지 않고 살아가는 그리스도인들이 많다. 저자는 풍성한 성경의 가르침과 청교도 목사들의 글을 토대로 자주 간과된 이 주제를 심도 있게 다루었다. 이 책은 마음을 살피고 원수를 경계하는 훈련의 유익을 새롭게 일깨워 개인적인 경건을 추구하도록 독려한다.

– 스티븐 로슨 원패션 미니스트리 대표

교리는 경건보다 배우기가 더 쉽다. 그러나 참된 교리는 경건과 일치한다. 저자는 무엇을, 왜, 어떻게, 언제, 누가라는 질문에 대답함으로써 깨어 있음을 통해 경건을 증진시켜 나가도록 충실하게 안내한다. 저자는 특히 오웬, 번연, 맥체인의 통찰력을 소개함으로써 이미 세상을 떠난 그들이 오랫동안 무시되어 온 깨어 있음이라는 주제를 새로운 목소리로 가르칠 수 있게 했다.

**– 라이언 맥그로우** 그린빌장로교신학교 조직신학 교수


우리가 실족하지 않으려면 깨어 있음을 계속해서 상기시켜주는 것이 필요하다. 더욱이 목회적인 민감성을 겸비한 은혜로운 태도로 깨어 있으라는 권고가 주어진다면 더더욱 열렬히 환영하지 않을 수 없다. 저자는 이 작은 보석 같은 책에서 바쁘게 살아가는 그리스도 인들에게 복음에 근거한 조언과 경고를 제시함으로써 더욱 신중하게 깨어 경계하라고 권고한다.

**– 데렉 토머스** 제일장로교회 담임목사,
리폼드신학교 종신교수, 리고니어 미니스트리 강사

깨어 있음

# 깨어 있음

**지은이**   브라이언 헤지스
**옮긴이**   조계광
**펴낸이**   김종진
**편집**   김예담
**디자인**   이재현
**초판 발행** 2021. 2. 10.
**등록번호** 제2018-000357호
**등록된 곳** 서울특별시 강남구 선릉로107길 15, 202호
**발행처**   개혁된실천사
**전화번호** 02)6052-9696
**이메일**   mail@dailylearning.co.kr
**웹사이트** www.dailylearning.co.kr

책값은 뒤표지에 있습니다.
ISBN 979-11-89697-16-7   03230

깨어 있음의 개혁된 실천

# WATCHFULNESS

깨어 있음

브라이언 헤지스 지음

조계광 옮김

개혁된실천사

죄에 민감해서
죄가 가까이 있을 때는 곧바로 고통을 느낄 수 있는
항상 깨어 있는 거룩한 두려움의 법을
제 안에 두시옵소서.
교만이나 그릇된 욕망이 치솟을 때는
그 즉시 감지하게 하시고
흔들리는 의지를 다잡아
타오르는 정욕의 불길을 꺼뜨리게 하옵소서.

더는 주님을 멀리하지 않게 하시고
주님의 선하심을 욕되게 하지 말게 하소서.
구하오니, 자녀된 자의 경외심을 갖게 하시고
눈동자처럼 민감하고
부드러운 양심을 허락하소서.
오 하나님, 제 양심을 빚으소서.
죄가 가까이 있을 때 제 영혼을 깨우시고
항상 깨어 있게 도우소서.

전능하신, 진리와 사랑의 하나님이시여!
제게 능력을 베푸소서.
제 영혼에서 산을 없애주시고
제 마음에서 굳는 것을 제하소서.
새롭게 깨어난 제 영혼이
지극히 작은 태만의 죄까지도 괴로워하게 하시고,
상처를 낫게 하는 보혈이 있는 곳으로
저를 다시 인도하소서.

                                   —찰스 웨슬리

# 목차

가끔 어떤 책을 읽다 보면 '이런 책을 내가 썼더라면 참 좋았을 텐데.'라는 생각이 들 때가 있다. 이 책이 바로 그런 책 가운데 하나다. 그런데 과연 내가 이 책을 쓸 수 있기나 했을까? 생각하니 우습다. 아무튼 내가 쓰지 않아서 천만다행이다. 내가 썼더라면 저자가 쓴 책만큼 철저하거나 유익하지 못했을 것이 뻔하기 때문이다.

내가 말하려는 의도는 이렇다. 1991년, 그러니까 내가 《영적 훈련》이라는 책을 마무리할 무렵, J. I. 패커가 추천의 글을 써주기로 흔쾌히 수락했다. 그는 추천의 글을 써주고 나서 내게 "깨어 있음"이라는 제목의 장을 추가하면 좋겠다고 말했다(물론, 나는 그 주제에 관해 한 장 정도는 충분히 쓸 수 있었을 것이다).

출판 시기가 임박한 까닭에 그만한 양의 글을 추가하기가 어려웠지만 만일 시간만 더 주어졌다면 글을 추가하는 데 큰 무리는 없었을 것이다. 그러나 사실 나는 패커가 말한 "깨어 있음"이 무슨 의미인지조차 정확히 알지 못하고 있었다. 물론, 청교도 전문가인 그의 말은 청교도 시대가 처음 시작할 때부터 그 시대가 끝날 즈음에 이르기까지(즉 리처드 로저스에서부터 존 번연에 이르기까지) 많은 청교도 저자들이 종종 다루었던 주제에 관해 글을 한 번 써보라는 의미였다.

패커 박사는 내가 《영적 훈련》에서 청교도, 특히 존 오웬, 존 플라벨, 존 번연, 조나단 에드워즈는 물론이고 청교도의 정신을 좇았던 로버트 머레이 맥체인과 찰스 스펄전과 같은 후대 저술가들의 글을 종종 인용했기 때문에 "깨어 있음"이라는 주제를 다룬 그들의 책을 잘 알고 있으리라고 생각했을 것이 틀림없다. 그러나 나는 그런 책들을 거의 읽어보지 못했다. 나는 "깨어 있음"을 다룬 성경 본문들을 충분히 검토한 적이 없기 때문에 그 주제에 대한 성경적 신학을 정립하고 그것을 독자들의 삶에 적용할 만한 준비가 되어있지 못했다.

감사하게도 저자는 내가 못한 그 두 가지 일을 다 해주었다. 그는 이 책에서 "깨어 있음"에 관한 성경의 가르침을 종합하고, 그것을 실천하는 데 열정적이었던 경건한 사람들의 훌륭한 책들에서 얻은 통찰력까지 곁들여 더 풍성한 결과물을 만들었다.

이 책은 꼭 필요하다. 이 책은 기독교적 삶이라는 주제와 관련된 오랜 공백을 빼곡히 채워준다.

— 도널드 휘트니

서던뱁티스트신학교 성경적 영성학 교수

# 감사의 글

이 책을 출판하는 데 협력해준 리포메이션 헤리티지 출판사 가족들에게 감사드린다. 이 책에 관심을 기울여준 조엘 비키, 이 책을 처음 계획하고 출판하기까지 지원과 지도를 아끼지 않은 제이 콜리어, 편집자로서의 탁월한 능력과 효율성을 보여준 아넷 가이슨에게 심심한 사의를 표하며, 나와 가장 먼저 접촉해 이 책에 누구보다도 먼저 관심을 나타냈던 스티브 렌케마에게도 감사한다.

책을 집필하는 시간을 너그럽게 용인해준 풀커슨파크 침례교회의 장로들과 교인들에게 감사드린다.

하나님이 세상에서 내게 주신 가장 큰 축복인 아내와 아이들에게도 감사한다. 말과 글로 다른 사람들을 섬기는 나의 소명을 늘 즐거운 마음으로 지지해주어 참으로 고맙다.

추천의 글을 써주었을 뿐 아니라 《영적 훈련》이라는 훌륭한 책에서 영적 훈련에 관한 청교도의 문헌을 연구하는 방법을 가르쳐준 돈 휘트니에게 감사드린다.

마지막으로, 나의 아버지 로니 헤지스에게 이 책을 바친다. 아버지는 늘 기도하고 그리스도 중심적인 깨어 있음에 관심을 기울여온 결과로, 순전하고 겸손한 인격, 매혹적인 경건한 성품, 온유한 지혜, 인내심 있는 사랑의 열매를 풍성하게 맺고 있다. 자기 자신의 삶과 교리를 돌아보며 나와 다른 사람들에게 항상 그리스도를 일깨워주는 아버지께 진심으로 감사드린다.

# 들어가는 말

**편집주** : 이 책의 제목은 "Watchfulness"이다. 이 단어는 본서의 1장에 설명되어 있듯이 단지 잠에서 깨어 있다는 뜻의 "awakeness"와는 달리 훨씬 포괄적인 의미를 가지며, "깨어 경성함", "깨어 경계함", "깨어서 살핌" 등 여러 가지 용어로 번역가능하다. 이 책에서는 개역개정 번역을 참고해서 "깨어 있음"이라는 단어를 택하였다.

최근 몇십 년 동안, 복음주의 교회를 중심으로 기독교적 영성의 실천적 측면에 관한 관심이 새롭게 고조되었다. 영적 변화와 영적 훈련을 다룬 책들이 책 진열대에 줄지어 늘어서 있다. 그 가운데는 묵상, 기도, 금식과 같은 영적 습관과 관련해 지혜로운 가르침을 주는 유익한 책들이 많다.[1] 그러나 그런 영적 습관 가운데 한 가지 습관이 좀처럼 눈에 띄지 않는다. 그것은 바로 깨어 있음(깨어 경계함)이다.

깨어 있음은 묵상과 기도만큼이나 건강한 영적 생활에 꼭 필요한 요소다. 예수님은 제자들에게 "시험에 들지 않게 깨어 기도하라"(마 26:41)고 말씀하셨다. 바울과 베드로와 요한도 각자 자신의 서신에서 도덕적인 경계와 깨어 있는 기도를 권고했다(고전 16:13; 갈 6:1; 골 4:2; 딤전 4:16; 벧전 4:7; 요이 8절). 히브리서도 우리의 영혼을 보살피고 깨우치는 영적 지도자들에게 복종하라고 당부하면서 늘 깨어 서로 권고하라고 명령했다(히 3:12, 13:17).

---

**1.** Some of my favorites are Donald S. Whitney, *Spiritual Disciplines for the Christian Life*, rev. ed. (Colorado Springs: NavPress, 2014); John Piper, *When I Don't Desire God: How to Fight for Joy* (Wheaton, Ill.: Crossway, 2004); Timothy Keller, *Prayer: Experiencing Awe and Intimacy with God* (New York: Dutton, 2014); and David Mathis, *Habits of Grace: Enjoying Jesus through the Spiritual Disciplines* (Wheaton, Ill.: Crossway, 2016). On spiritual transformation, see my book *Christ Formed in You: The Power of the Gospel for Personal Change* (Wapwallopen, Pa.: Shepherd Press, 2010).

# 인생의 어느 시기에 있든지 항상 깨어 경계하라

모든 신자는 신분이나 인생의 시기와 상관없이 항상 깨어 경계해야 한다. 베스는 여섯 살도 안 된 자녀들을 셋이나 기르고 있는 30대의 기혼 여성이다. 예수님을 사랑하는 그녀는 대학에 다닐 때와 미혼 여성으로 지내는 동안에 신앙 생활을 열심히 했다. 그러나 결혼해서 자녀를 키우는 일은 베스가 예상했던 것보다 훨씬 더 어려웠다. 그녀는 하나님과의 관계가 소원해지는 것을 느끼고, 조용히 성경을 읽으면서 신앙 일기를 쓸 수 있는 날을 갈망한다. 그녀는 아이들을 쫓아다니며 뒤치다꺼리를 하느라 정신이 없는 통에 영적인 일에 집중하기가 몹시 어렵다. 베스에게는 자기의 심령 상태에 더 많은 관심을 기울이고, 온종일 예수님과의 친밀한 관계를 유지하는 법을 배우는 것이 필요하다.

네이선은 음란물과 분투하는 대학생 신자이다. 그는 음란물을 보고 나면 큰 죄책감을 느끼고 서둘러 회개한다. 그는 매일 성경을 읽고 기도하려고 노력하지만 그의 영적 훈련에는 뭔가 중요한 것이 빠져 있다. 그는 계획성이 없이 시간을 사용한다. 그의 경건 시간과 생활 습관은 서로 아무런 연관성이 없다. 더욱이 그는 똑같은 죄를 되풀이하면서도 유혹의 위험성을 과소평가하기까지 한다. 네이선에게는 겟세마네 동산에서의 제자들처럼 유혹의 미묘한 힘을 경계하는 법을 배우는 것이 필요하다.

중년에 접어든 크레이그는 영적으로 성숙한 그리스도인이다. 그는 25년 동안 결혼 생활을 해왔고, 중학교와 고등학교에 다니는 네 자녀를 기르고 있다. 그는 교회에서 숙련된 평신도 리더로 일하고 있을 뿐 아니라 하나님과 친밀한 교제를 나누고 있다. 그러나 크레이그는 삶 속에서 많은 부담을 떠안고 있는 탓에 감정의 유연성이 예전 같지 않다. 그는 50대가 겪는 새로운 유혹에 직면한 상태이고, 그 어느 때보다도 예수님이 필요하다. 그의 머릿속에는 "선 줄로 생각하는 자는 넘어질까 조심하라"(고전 10:12)는 바울의 말이 항상 맴돌고 있다. 크레이그는 이 말씀을 실천에 옮길 방법을 찾고 있다.[2]

---

2. 이 이야기들은 지어낸 예이지만, 유사한 삶의 상황에 처해 있는 수많은 그리

인생의 시기는 제각기 다르지만 베스, 네이선, 크레이그는 한 가지 공통된 것을 필요로 한다. 그것은 항상 깨어 마음을 살피며, 영적 생명을 유지해주는 주님의 은혜를 적극적으로 의지하는 것이다. 그들의 유혹은 다양하지만, 그들에게는 "깨어 믿음에 굳게 서서…강건하라"(고전 16:13)는 바울의 권고가 똑같이 적용된다.

## 깨어 있음에 관한 청교도의 견해

과거의 신자들도 깨어 있음의 필요성을 이해했고, 그것을 종종 언급했다. 16-17세기의 영국 청교도들과 그들의 복음적인 후예들은 특히 더 그러했다. 그들은 설교와 서신과 일기와 영성을 다룬 책자들을 통해, 깨어 있음의 습관을 묵상과 기도처럼 더 잘 알려진 영적 훈련과 나란히 강조했다.

예를 들어, 리처드 로저스는 1602년에 《Seven Treatises》

---

스도인들에게 공통된 도전과 어려움을 반영하고 있다.

(일곱 가지 권면)라는 비중 있는 책을 펴낸 초기 청교도였다.[3] 기독교적 삶을 개괄하고 있는 이 책은 7부로 나눠져 있고, 무려 900쪽에 달한다. 그 책 안에는 회심에서부터 구원의 확신을 비롯해 경건을 추구하는 데 필요한 공적 수단과 사적 수단은 물론, 다양한 방해 요인을 극복하고 하나님과 매일 동행하며 사는 삶에 대한 지침과 참된 기독교의 특권에 이르기까지 신앙생활의 요소들과 경험이 총망라되어 있다.[4] 로저스는 그 책의 세 번째 권면에서 "경건한 삶을 유

---

**3.** 책의 전체 제호는 *Seven Treatises, Containing Such Direction as is gathered out of the Holy Scriptures, leading and guiding to true happiness, both in this life, and in the life to come: and may be called the practice of Christianity.* 한 학술 자료는 로저스를 "영적 저술가들 가운데 가장 영향력 있는 인물"로 평가하면서 이렇게 덧붙였다. "*Seven Treatises*는 1603년과 1630년 사이에 여섯 판이나 발간되었으며, 그 후에도 스티븐 에거튼이 펴낸 축약본이 다섯 판이나 더 발간되었다… 스티븐이 펴낸 책의 영향력은 청교도 평신도 모두의 삶에서 발견된다." Patrick Collinson, Arnold Hunt, and Alexandra Walsam, "Religious Publishing in England 1557 – 1640," in *The Cambridge History of the Book in Britain*, vol. 4, 1557 – 1695, ed. John Barnard, D. F. McKenzie, and Maureen Bell (Cambridge: Cambridge University Press, 2002), 42. Subsequent citations from *Seven Treatises* (London, 1616).

**4.** *Seven Treatises* 안에는 기독교 독자들에게 전한 세 개의 연설이 발견된다. 그 가운데 두 번째 연설에는 동료 청교도였던 에제키엘 컬버웰의 말이 인용되었다. 그는 이렇게 말했다. "내 견해를 간단히 말하면 그것은 한 가지 중

지하는 데 도움이 되는 수단들"을 논의했고, 그런 수단들을 공적 수단과 사적 수단이라는 두 가지 범주로 나누었다. 사적 수단에는 우리가 흔히 생각하는 묵상과 기도와 금식과 같은 것들이 포함된다. 그러나 로저스가 제시한 사적 수단의 목록에는 깨어 있음이 가장 먼저 등장한다. 그는 "이것을 가장 먼저 언급하는 것이 합당한 이유는 그것이 나머지 모든 것을 지켜보는 눈, 곧 그것들이 올바로 잘 사용되고 있는지를 살피는 눈이기 때문이다."라고 말했다.[5]

여기에 함축된 의미는 분명하다. 즉, 깨어 있음을 게을리하면 다른 영적 습관들이 제 기능을 발휘하기 어렵다는 것이다. 깨어 있음은 영적 훈련의 숫돌이다. 곧 다른 습관들을 예리하게 유지해주는 습관이다.

---

요한 점에서 '영혼의 해부학'으로 일컬어질 수 있다. 그것을 통해 큼직한 주요 부위들은 물론이고, 모든 핏줄과 작은 신경들까지도 상세하게 드러나기 때문에 참된 그리스도인을 전체적으로 세세한 부분까지 눈으로 직접 관찰할 수 있다. 따라서 다양한 결함과 불완전함도 확연하게 나타난다." Rogers, *Seven Treatises*, A4v – A5r.

**5.** Rogers, *Seven Treatises*, 243. See also Richard Rogers, *Holy Helps for a Godly Life* (Grand Rapids: Reformation Heritage Books, 2018), 41. 이 책은 로저스의 세 번째 권면의 현대화된 판본이다. 특별한 언급이 없다면 이후의 모든 인용은 이 판본에서 인용한 것이다.

청교도는 깨어 있음에 관해 가르치면서 "모든 지킬 만한 것 중에 더욱 네 마음을 지키라 생명의 근원이 이에서 남이니라"(잠 4:23)라는 말씀을 종종 인용했다. 존 플라벨은 이 구절을 주제로《A Saint Indeed》라는 한 권의 책을 저술했다.[6] 그는 책의 서론에서 "회심할 때의 가장 큰 어려움은 마음을 하나님께 굴복시키는 것이고, 회심 이후의 가장 큰 어려움은 마음이 늘 하나님을 향하도록 지키는 것이다."라고 말했다.[7] 책의 나머지 내용은 기독교적 영성을 다룬 대걸작이 아닐 수 없다. 그 안에는 순례자의 길을 안내하는 지침들과 마음을 살피고 지키는 데 필요한 기독교적 경험을 열두 가지 시기로 분류해서 다룬 내용이 담겨 있다.

나의 신앙 여정을 도와주는 가장 유익한 청교도 저술가들 가운데는 존 오웬(1616-1683), 존 번연(1628-1688), 로버트 머레이 맥체인(1813-1843) 등이 있다. 오웬은 청교도 시대에

---

**6.** 이 책은 현대 언어로 단장되어 *A Treatise on Keeping the Heart*라는 제목으로 재출간되었고 온라인상에서 다양한 포맷으로 제공되고 있다. My quotations will be from volume 5 in *The Works of John Flavel* (1820; repr., Edinburgh: Banner of Truth Trust, 1968).

**7.** John Flavel, *A Saint Indeed*, in *Works*, 5:423.

비국교도 목사이자 신학자로 활동했다. 금욕, 유혹, 내주하는 죄, 배교, 영적인 생각, 하나님과의 교제, 그리스도의 영광, 믿음의 증거, 성령의 사역에 관한 그의 책들은 거의 20년 동안 나의 경건 생활을 유지해준 가장 풍성한 양식이었다. 몇 년 전, 나는 오웬이 죄를 죽이고, 영적인 정감affection을 진작시키고, 하나님과의 교제를 증진하는 방법을 설명하면서 묵상과 기도와 나란히 깨어 있음을 자주 언급했다는 사실을 발견했다. 예를 들어, 그는 《영의 생각 육의 생각》에서 이렇게 말했다. 영적인 것들에 마음을 고정시키면서 "우리의 정감affection을 순수하고 온전하고 꾸준하게 유지하는 일은 평범하거나 쉬운 일이 아니다…여기에는 깨어 있음, 기도, 믿음의 발휘, 자기 자신을 매일 점검하는 일이 요구된다. 이런 것들에 마땅한 관심을 기울이지 않는 탓에…많은 사람이 스스로 의식하지도 못하면서 영적 생명의 활력과 힘을 모두 잃고 죽어간다."[8]

---

**8.** John Owen, *The Grace and Duty of Being Spiritually Minded, in The Works of John Owen*, ed. William Goold (1862; repr., Edinburgh: Banner of Truth Trust, 1966), 7:486.

오웬은 자신의 책에서 깨어 있음을 거듭 강조했다. 내가 아는 한, 그의 《Of Temptation》은 깨어 있음을 다룬 책들 가운데 가장 유익한 책이다.[9] 오웬은 죄의 병리학에 관해서는 가히 대가의 반열에 드는 숙련된 영혼의 의사였다. 그는 유혹의 미묘한 특성을 정확하게 진단했고, "깨어 기도하라"는 성경의 처방을 능숙하게 제시했다. 우리는 이 책에서 오웬의 글을 종종 접하면서, 풍성하고 실천적인 복음의 지혜가 가득 담겨 있는 보화를 캐내게 될 것이다.

## 영적 여정과 전투 속에서 이루어지는 깨어 있음

나의 두 번째 동반자는 존 번연이다. 그의 《천로역정》과 《거룩한 전쟁》은 기독교의 교리와 경험을 기억에 남을 만한 생생한 필치로 구체적으로 묘사한다.

《천로역정》은 기독교적 삶을 순례의 여정으로 그리고 있

---

**9.** John Owen, *Of Temptation: The Nature and Power Of It; The Danger of Entering Into It; and The Means of Preventing that Danger*, in *Works*, 6:87 – 151.

다. 천성을 향해 가는 "크리스천"의 험난한 신앙 여정을 묘사한 번연의 이야기는 어렸을 적 나의 상상력을 사로잡았다. 그것은 영적 경험에 공통적으로 존재하는 "갖가지 방해 요인, 시련, 싸움, 속박, 부르짖음, 탄식, 공포, 두려움"을 다룬다.[10] 번연은 자신의 책에서 절망(절망의 수렁), 유혹(사망의 음침한 골짜기), 세속성(허영의 도시), 낙심(절망 거인과 의심의 성), 나태(마법에 걸린 땅) 등, 천국에 들어가기까지 우리를 괴롭히는 수많은 위험에 대해 깨어 경계해야 할 필요성을 구체적으로 설명했다. 《거룩한 전쟁》은 샤다이 왕과 그의 아들 임마누엘 왕자가 디아볼루스와 그의 무리에 맞서 맨소울 성을 지키기 위해 벌이는 영적 싸움을 그리고 있다. 번연은 이런 비유를 통해 은혜로 되찾은 영혼을 지키고 강화해야 할 필요가 있다고 가르쳤다.

성경에 정통한 번연은 성경의 비유적 표현들을 자신의 책에 적용해 독자들에게 성경의 경고와 약속을 깊이 각인

---

**10.** 2부에서 현자는 크리스티아나에게 크리스천의 여행에 대해 설명한다. John Bunyan, *The Pilgrim's Progress* (1895; repr., Edinburgh: Banner of Truth Trust, 1977), 203.

시켰다. 나는 깨어 있음의 본질과 필요성과 실천을 구체적으로 설명하기 위해 이 책에서 번연의 비유를 많이 사용했다.

## "제가 용서받은 죄인으로서 마땅히 거룩해져야 할 만큼 거룩해지게 하소서."

내게 깨어 있음을 가르쳐준 세 번째 동반자는 로버트 머레이 맥체인이다. 19세기 스코틀랜드 목사인 그는 고작 스물아홉의 나이에 세상을 떴다. 그의 사역은 한 가지 비범한 특징을 드러낸다. 그는 종종 "주여, 제가 용서받은 죄인으로서 마땅히 거룩해져야 할 만큼 거룩해지게 하소서."라고 기도했다.[11] 맥체인의 친구 앤드류 보나르가 편집한《로버트 머레이 맥체인 회고록》은 오늘날까지도 많은 신자의 심금을 울리고 있는 영적 고전 가운데 하나다.

---

11. *Memoir & Remains of Robert Murray M'Cheyne*, ed. Andrew A. Bonar(1892; repr., Edinburgh: Banner of Truth Trust, 1966), 159.

맥체인의 일기에서 발췌한 인용문을 읽어보면 그가 깨어 있음을 위해 얼마나 구체적으로 노력했는지를 알 수 있다. 맥체인은 생애 말년에 "개인적 개혁"이라는 제목 아래 자신의 마음과 삶을 통찰력 있게 점검한 내용을 묘사했다. 그는 그곳에서 깨어 있음을 세 차례나 언급했는데 그 가운데 다음과 같은 진술이 포함되어 있다. "내가 성령으로 충만하려면, 마땅히 성경을 더 많이 읽고, 더 많이 기도하고, 더 많이 깨어 있어야 함을 느낀다."[12]

맥체인의 일기는 과거의 신자들이 깨어 있음을 영적 생활의 주된 요소로 간주했다는 것을 보여주는 또 하나의 증거다. 향후 3장에서 맥체인의 영적 훈련을 통해, 그리스도 중심적이고 은혜에 근거하는 진지한 자기점검과 깨어 있음의 실천이 무엇을 의미하는지를 구체적으로 다룰 생각이다.

당신이 거룩함을 향한 맥체인의 열정을 공유하고 있다

---

12. Bonar, *Memoir & Remains*, 154. "개인적 개혁"의 전체 내용을 보기 위해서는 부록 1을 참고하라.

면, 깨어 있음은 당신이 성화의 진전을 이루는 데 매우 중요한 요소일 것이다. 거룩함을 추구하는 열망이 없다면, 그것은 곧 깨어 있음을 도외시하고 있다는 증거일 터이다.

## 깨어 있음을 위한 지침

나는 신문기자의 취재 원칙(무엇을, 왜, 어떻게, 언제, 누가)에 따라 이 책을 구성했다.[13] 이 책은 이런 물음들을 토대로 다섯 개의 장으로 이루어졌다.

이 질문들을 깨어 있음을 위한 로드맵 상의 핵심 위치key location로 생각하라. 나는 묵상, 예화, 적용 및 인용문(해당 주제와 관련된 최고의 역사적 문헌에서 발췌한 인용문)을 결합해 각각의 질문에 대답하는 방식을 취했다. 나의 주된 대화 상대자는 오웬, 번연, 맥체인이지만, 다른 청교도 저자들의 글도 가끔 인용했고 부가적인 통찰력과 가르침과 본보기를 제시하는

---

**13.** 때로는 "어디서"가 이 목록에 포함된다. 나는 "언제"와 "어디서"를 한 카테고리로 묶었다.

다양한 보조 자료도 아울러 포함시켰다(이것도 대부분 청교도 저자들에게서 가져온 것이다).[14] 각 장의 끝에는 반성과 자기점검과 개인적인 적용을 돕기 위해 '점검 및 적용'을 위한 질문들을 첨부했다. 아무쪼록 이 책이 깨어 있음을 촉진하고, 거룩함을 진작시키고, 삼위일체 하나님과의 교제를 더욱 깊어지게 만드는 데 도움이 되기를 간절히 바란다.

내가 이 책을 저술한 이유 가운데 하나는 나 자신이 이것을 읽을 필요가 있기 때문이다. 나이가 들수록 신앙생활을 위협하는 위험 요인들이 더 많아진다. 출발을 잘한 사람들이 모두 다 잘 끝마치는 것은 아니다. 원하는 사람은 많지만 원하는 것을 얻는 사람은 적다. 영적 타락의 위험과 배교에 대한 경고는 엄연한 현실이다. 나 자신과 나의 구원자를 더 깊이 이해할수록, 나의 연약함과 그분의 강한 인내심을 더욱 절실하게 깨닫게 되고, 그분께 모든 것을 전적으로 의존하고 있다는 사실이 더욱 생생하게 떠오른다.

로버트 로빈슨이 작시한 옛 찬송가가 나의 영혼 속에서

---

**14.** 이 인용구들 중 많은 부분에서, 나는 맞춤법과 구두점을 수정했다.

종종 메아리친다. 들어가는 말을 마무리하기에 이 찬송가의 노랫말이 적절할 듯하다. 이 노랫말은 깨어 있음이 필요한 이유를 일깨워줄 뿐 아니라(그 이유는 우리의 영혼이 헛되이 방황하기 쉬운 성향을 지니고 있기 때문이다), 우리를 지켜줄 유일한 능력을 상기시켜준다(우리의 마음을 굳세게 해주고, 영광스럽게 하는 것은 오직 하나님의 선하심과 은혜뿐이다).

나는 주의 귀한 은혜에 얼마나 크게 빚지고 있는가.

주의 선하심이 사슬 되사 나를 날마다 주께 매소서.

나의 맘은 방황하기 쉽고

내가 사랑하는 하나님을 떠나기 쉬우니

나의 방황하는 마음을 주께 매소서.

여기 나의 마음이 있사오니 받으시고 인치소서.

천국 인을 치소서.[15]

---

**15.** Robert Robinson, "Come, Thou Fount of Every Blessing"(1758), in the public domain.

# 1장
# 무엇을 : 깨어 있음의 본질

"깨어 있음이란…낱낱이 조심하면서 부지런하게 하나님이 지정하신 모든 수단과 방법을 사용해 우리의 마음과 행위, 그리고 사탄의 전략과 전술을 살펴 이 세상에서 죄를 짓는 기회에 얽혀들지 않는 것이다."

—존 오웬의 《*Of Temptation*》에서

기독교적 삶은 여정이요 경주요 싸움이다. 우리는 순례자로서, 멸망의 성으로부터 천성을 향하여 이르는 길고 구불구불한 길을 걸어간다. 우리는 경주자로서 뒤에 있는 것은 잊어버리고, 믿음의 경주를 마치기 위해 모든 방해 요인을 극복하면서 오직 예수님만 바라보며 달려가라는 부르심을 받았다. 또한, 우리는 군인으로서 복음의 전신갑주를 입고, 우리의 형제요 대장이요 왕이신 예수님의 지혜와 힘을 의지함으로써 언제든지 싸움에 임할 채비를 갖춰야 한다.

이런 성경적인 비유는 수세기 동안 기독교적인 상상력을 형성해 왔다.[1] 비유는 제각각 눈을 크게 뜨고 경계해야 할 필요성을 강조한다. 고대 세계에서의 여행에는 항상 많은 위험이 뒤따랐다. 신자들은 천국의 시민이지만 세상에서는 순례자요, 온갖 위험과 시련과 유혹의 덫이 도사리고 있는 낯선 땅을 지나는 나그네다. 우리 앞에 놓인 경주는 100미터 단거리 경주가 아닌 장애물이 많은 마라톤 경주와 같다. 전쟁에 참여한 군인들은 적을 상대해야 한다. 경계는 선택사항이 아니다. 우리는 늘 깨어 경계해야 한다.

그렇다면 깨어 있음이란 무엇일까? 먼저 이에 대한 존 오웬의 분석을 토대로 이번 장을 시작하고, 그런 다음에는

---

**1.** 예를 들어, 리처드 십스는 "그리스도인의 경계"라는 설교에서 "그리스도인이 그리스도께서 오실 때까지 이 세상에서 항상 경계하는 태도를 취해야 하는" 이유를 설명하면서 이 비유들을 사용했다.

성경의 용어들과 절실히 필요하지만 종종 무시되는 이 영적 훈련의 네 가지 요소를 차례로 살펴보기로 하자.

## 깨어 있음의 정의

깨어 있음이란 무엇인가? 존 오웬은 《Of Temptation》에서 이것을 이렇게 정의했다.

> 깨어 있음이란…낱낱이 조심하면서 부지런하게 하나님이 지정하신 모든 수단과 방법을 사용해 우리의 마음과 행위, 그리고 사탄의 전략과 전술을 살펴 이 세상에서 죄를 짓는 기회에 얽혀들지 않는 것이다.[2]

이 정의는 좀 더 자세하게 살펴볼 가치가 있다. 무슨 말인지 이해했다고 생각할 수도 있겠지만 사실은 그렇지가 않다. 셜록 홈스는 왓슨에게 "당신은 보지만 주의 깊게 관

---

**2.** Owen, *Of Temptation*, in *Works*, 6:100 – 101.

찰하지는 않소."라고 말했다.[3] 따라서 신중해야 한다. 많은 의미가 압축된 이 청교도의 글을 이해하려면 사냥 모자를 꺼내 쓰고, 망원경의 먼지를 털고, 탐정처럼 행동해야 한다.

**"살핌"**: 깨어 있음은 조심함을 의미한다. 조심하려면 삶의 특정 측면에 관심을 집중시켜 그것을 주의 깊게 살펴야 한다. 조심함의 반의어는 부주의이다. 깨어 있음은 내적 생활에 대한 자유방임적인 자세와는 정반대다. 영혼과 태도를 살피지 않고, 생각과 말과 동기와 행위를 주의 깊게 점검하지 않는 것은 깨어 있음이 아니다.

**"부지런함"**: 깨어 있음은 단순한 조심함이 아니라 지속적으로 조심함을 의미한다. 부지런함은 지속성을 뜻한다. 옷을 세탁하는 것처럼(예를 들어 수요일과 금요일에만) 우리 자신을 살피는 것은 깨어 있음이 아니다. 깨어 있음은 되는 대로 아무렇게나 하는 것이 아니다. 깨어 있는 신자는 휴일이 없다.

---

**3.** Arthur Conan Doyle, "A Scandal in Bohemia," in *Great Cases of Sherlock Holmes* (Franklin, Pa.: The Franklin Library, 1987), 6.

**"낱낱이 조심하면서 부지런하게"**: 이것은 온전하고 포괄적인 조심함을 의미한다. 조심함은 선택적인 것이 아니다. 교회에서 대화를 나눌 때는 조심스럽고 신중하게 처신하면서, 주중에 언행이 부주의한 것은 깨어 있음이 아니다. 포괄적인 신중함은 모든 계명과 금지 명령을 진지하게 받아들여 모든 상황 속에서 실천에 옮기는 것을 의미한다.

**"사용해"**: 깨어 있음은 수동적이지 않고 능동적이다. 이것은 노력, 분발, 행동, 거룩한 땀을 요구한다. 깨어 있음은 일종의 종합 무술, 곧 종합 격투기와 비슷하다.

**"하나님이 지정하신 모든 원리와 수단을 이용해"**: 깨어 있음은 성경의 가르침을 인정하고, 거기에 복종한다. 하나님은 방법과 수단을 정해주셨다. 그분은 삶의 원리, 즉 사랑, 겸손, 정의, 거룩, 자비, 평화의 원리를 가르쳐주셨고, 삶의 수단, 즉 그런 원리를 실천에 옮길 수 있는 수단을 제공하셨다(신학자들은 이것을 종종 은혜의 수단으로 일컫는다. 은혜의 수단이란 묵상, 기도, 예배 등을 가리킨다). 본서의 3장에서 이런 수단들을 좀 더 자세히 살펴보고, 깨어 있음과 그것들의 관계를 논의할 계획이다. 지금은 하나님이 정하신 모든 수단을 옳게 사용하는 것이 깨어 있음에 포함된다는 것을 기억하는 것으로 족하다. 다시 말하지만, 이 문제와 관련해서도 몇 가지 마음에 드는 것만 골라서 실천하는 것은 옳지 않다.

**"우리의 마음과 행위"**: 이 말을 시작으로 세 가지가 나열되고 있다. 우리는 이 세 가지를 신중하게 살펴야 한다. 우리의 마음과 행위를 살피는 것이 그 가운데 하나다. 이것은 자기 진단과 자기점검을 의미한다. 바울이 디모데에게 말한 대로, 우리는 자신의 삶과 교리를 살펴야 한다(딤전 4:16).

**"사탄의 전략과 전술"**: 우리는 영혼의 원수를 경계하고, 그의 모든 전략과 전술에 주의해야 한다. "근신하라 깨어 라watchful[4] 너희 대적 마귀가 우는 사자 같이 두루 다니며 삼킬 자를 찾나니"(벧전 5:8)라는 베드로의 경고를 잊지 말라. 깨라는 것은 "조심하다", "경계하다"라는 뜻을 갖는다. 우리의 원수는 절대 반지를 쫓는 흑기사보다 더 냉혹하다. 그는 몽구스에 의해 궁지에 몰린 코브라보다 더 사납다. 그

---

4. Vigilant라는 단어도 사용된다. "Watchful"은 NKJV 번역본에서 이따금만 등장한다.

는 쉬는 법이 없다. 우리가 원수를 경계해야 하는 이유는 그가 우리를 호시탐탐 노리고 있기 때문이다.

**"죄를 짓는 기회"**: 이것은 죄가 우리 삶에 들어올 수 있는 발판을 마련해줄 상황이나 기회를 경계하라는 뜻이다. 예수님은 "시험에 들지 않게 깨어 있어 기도하라"(막 14:38)고 말씀하셨고, 바울은 "정욕을 위하여 육신의 일을 도모하지 말라"(롬 13:14)고 당부했다.

**"이 세상"**: 여기에서 세상은 지구가 아닌 하나님을 거스르는 타락한 세상의 체제를 가리킨다. 세상은 사탄의 동맹군이다. 그는 "이 세상의 임금"(요 12:31)이요 "이 세상의 신"(고후 4:4)이다. 요한은 "온 세상은 악한 자 안에 처한 것이며"(요일 5:19)라고 말했다. 아이작 와츠는 "이 악한 세상이 내가 하나님께로 나가도록 돕는 은혜의 친구일까?"라고 물었다.[5] 물론, 대답은 '아니오'이다. 야고보 사도는 "간음한 여인들아 세상과 벗된 것이 하나님과 원수 됨을 알지 못하느냐 그런즉 누구든지 세상과 벗이 되고자 하는 자는

---

5. Isaac Watts, "Am I a Soldier of the Cross?" (1721), in the public domain.

스스로 하나님과 원수 되는 것이니라"(약 4:4)라고 분명하게 말했다.

**"얽혀들지 않는 것"** : 이 마지막 말은 목적절이다. 우리가 깨어 경계해야 할 이유는 얽혀들지 않기 위해서다. 얽혀든다는 것은 "장애물에 걸리다, 덫에 걸리다, 걸려 넘어지다."라는 뜻이다. 얽힘은 자유의 반대다. 깨어 있음은 언뜻 생각하면 성가신 일처럼 들리지만 사실은 그렇지 않다. 리처드 로저스는 "깨어 있음은 거기에 익숙해지기 전까지는 너무 힘든 일처럼 생각될 수 있다."라고 말했다. 그러나 "깨어 있음에 익숙하지 않으면 자주 넘어져 위험에 빠질 수밖에 없고…영혼에 많은 상처를 입고, 삶 속에서 많은 위로를 잃게 될 것이다."[6]

깨어 있음에 힘쓰면 세상과 세상의 덫, 죄와 죄의 속박하는 힘, 유혹과 거짓과 원수 마귀의 비난으로부터 자유로워질 수 있다.

---

**6.** Rogers, *Holy Helps*, 43 – 44, 47.

## 성경 안에 나오는 깨어 있음

신약성경은 "깨어 경계하다"watch로 번역될 수 있는 몇 가지 용어를 사용한다. 이 용어들은 모두 중요하다. 그 의미를 간단히 살펴보면 깨어 있음의 본질을 이해하는 데 도움이 될 것이다.

첫 번째 용어는 "보다"see를 뜻하는 "블레포"blepō이다.[7] 이용어는 눈으로 보는 행위를 가리키지만 때로는 도덕적이고, 영적인 의미를 나타내기도 한다. 예를 들어, 요한이서 8절에서는 삶을 주의 깊게 살피라는 의미로 사용되었다. 에베소서 5장 15절에서도 그와 똑같은 의미로 사용되었다. "그런즉 너희가 어떻게 행할지를 자세히 주의하여carefully[8] 지혜 없는 자 같이 하지 말고 오직 지혜 있는 자 같이 하여." 그리고 고린도전서에서도 다음과 같이 말한다. "그런즉 선 줄로 생각하는 자는 넘어질까 조심하라"(고전 10:12).

---

**7.** 이 단어는 신약에서 132회 사용되며, 보통은 "보다"로 번역되었다.

**8.** Circumspectly라는 단어도 사용된다. "Carefully"는 NKJV에서 이따금만 사용된다.

예수님은 씨 뿌리는 자의 비유를 가르치면서 이 용어를 사용하셨고, 제자들에게 "너희가 무엇을 듣는가 스스로 삼가라"(막 4:24)라고 가르치셨다.[9] 아울러, 이 용어는 위험을 경계하라는 의미로 사용되기도 했다(막 12:38; 13:33 참조). 바울은 이 용어를 사용해 거짓 교사들과 교회 안에서 서로 싸우고 다투는 행위를 경계하라고 권고했다(빌 3:2; 갈 5:15). 이 용어는 나중에 살펴볼 히브리서 3장 12절에서도 발견된다. "형제들아 너희는 삼가 혹 너희 중에 누가 믿지 아니하는 악한 마음을 품고 살아 계신 하나님에게서 떨어질까 조심할 것이요."

두 번째 용어는 "경계하다"to be on the alert, "깨어 있다"to be awake를 뜻하는 "그레고레오"*grēgoreō*이다.[10] 이것은 예수님이 겟세마네 동산에서 제자들에게 경고할 때 사용하신 용어다. "시험에 들지 않게 깨어 기도하라 마음에는 원이로되 육신

---

9. Cf. 누가복음 8장 18절, "너희는 어떻게 들을까 스스로 삼가라"에서 *pōs*는 듣는 메시지 내용보다는 듣는 태도를 가리킨다.

10. *Grēgoreō*는 신약에서 22회 사용되었다.

이 약하도다"(마 26:41).[11]이 용어는 또한 도덕적 경계와 영적인 경성을 의미하기도 한다. 바울은 고린도전서 16장 13절에서 이 용어를 사용해 "깨어 믿음에 굳게 서서 남자답게 강건하라"고 말했고, 골로새서 4장 2절에서는 "기도를 계속하고 기도에 감사함으로 깨어 있으라"고 말했다. 베드로도 베드로전서 5장 8절에서 이 용어를 사용해 "근신하라 깨어라 너희 대적 마귀가 우는 사자 같이 두루 다니며 삼킬 자를 찾나니"라고 말했다.

세 번째 용어는 "경계 상태에 있다", "어떤 것에 세심한 주의를 기울이다"를 의미하는 "프로세코"*prosechō*이다.[12] 예수님은 누가복음 21장 34절에서 "너희는 스스로 조심하라 그렇지 않으면 방탕함과 술취함과 생활의 염려로 마음이 둔하여지고 뜻밖에 그 날이 덫과 같이 너희에게 임하리라"라고 말씀하셨다. 히브리서 2장 1절에서도 이 용어가 발견

---

11. Cf. also vv. 38, 40; Mark 14:34, 37, 38.

12. W. Arndt, F. W. Danker, and W. Bauer, *A Greek-English Lexicon of the New Testament and Other Early Christian Literature*, 3rd ed. (Chicago: University of Chicago Press, 2000), 880. 신약성경에서 24회 사용된 이 용어는 "조심하다"나 "주의를 기울이다"로 번역될 수 있다.

된다. "그러므로 우리는 들은 것에 더욱 유념함으로 우리가 흘러 떠내려가지 않도록 함이 마땅하니라." 바울은 사도행전 20장 28절에서 이 용어를 사용해 에베소 교회의 장로들에게 "여러분은 자기를 위하여 또는 온 양 떼를 위하여 삼가라 성령이 그들 가운데 여러분을 감독자로 삼고 하나님이 자기 피로 사신 교회를 보살피게 하셨느니라"라고 말했다.

네 번째 용어는 "계속 경계하다", "잠자지 않고 깨어 있다"를 뜻하는 "아그루프네오"*agrypneō*이다.[13] 예수님은 복음서에서 이 용어를 두 차례 사용해 제자들에게 인자가 강림할 때를 대비하여 깨어 있으라고 가르치셨다(막 13:33; 눅 21:36). 바울은 에베소서 6장에서 하나님의 전신갑주를 입으라고 가르치면서 이 용어를 사용해 전신갑주를 입은 신자의 기도 자세를 묘사했다. "모든 기도와 간구를 하되 항상 성령 안에서 기도하고 이를 위하여 깨어 구하기를 항상

---

**13.** *Agrypneō* is used four times in the New Testament, each time in a moral sense.

힘쓰며 여러 성도를 위하여 구하라"(엡 6:18). 히브리서 13장 17절은 교회를 감독하는 지도자들의 책임을 묘사하면서 "너희를 인도하는 자들에게 순종하고 복종하라 그들은 너희 영혼을 위하여 경성하기를 자신들이 청산할 자인 것 같이 하느니라 그들로 하여금 즐거움으로 이것을 하게 하고 근심으로 하게 하지 말라 그렇지 않으면 너희에게 유익이 없느니라"라고 말했다.

또 다른 용어로는 "스코페오"*skopeō*가 있다. 이 용어에서 잠망경periscope, 망원경telescope, 현미경microscope 등에 사용된 "scope"라는 영어 단어가 유래했다. "주의하다"를 뜻하는 이 용어는 갈라디아서 6장 1절에 사용되었다. "형제들아 사람이 만일 무슨 범죄한 일이 드러나거든 신령한 너희는 온유한 심령으로 그러한 자를 바로잡고 너 자신을 살펴보아 너도 시험을 받을까 두려워하라."

마지막으로, "무엇을 굳게 잡다"를 뜻하는 "에페코"*epechō*가 있다. 바울은 이 용어를 사용해 "네가 네 자신과 가르침을 살펴 이 일을 계속하라 이것을 행함으로 네 자신과 네게 듣는 자를 구원하리라"(딤전 4:16)라고 젊은 디모데를 권고했다.

## 깨어 있음의 네 가지 요소

이 모든 것을 종합하면 성경에 사용된 이 용어들이 깨어 있음을 실천하는 네 가지 요소(경성, 주의, 경계, 기대)를 제시하고 있는 것을 알 수 있다.

### 경성

나는 열여덟 살 때 졸음운전을 한 적이 있다. 당시에 나의 아버지는 우리가 살고 있던 토키오의 농장으로부터 320킬로미터 떨어진 곳에 있는 교회에서 말씀을 전하기로 되어 있었다. 그날 아침, 우리는 자동차로 3시간 정도 걸리는 그곳에 찬송 부르는 시간이 시작되기 전에 도착하기 위해 충분히 이른 시간에 길을 나섰다. 내가 운전하는 동안, 아버지는 설교 원고를 훑어보고 기도하고 잠시 눈을 붙였다.

그러던 중, 한 소형승합차가 갑자기 오른쪽으로 기울어지면서 텍사스 고속도로의 넓은 갓길을 따라 퉁퉁 튕겨졌다(다행히 주위에 차들이 없었다).

우리는 둘 다 깜짝 놀랐다.

다친 사람은 아무도 없었다.

그것은 잊을 수 없는 경험이었고, 그로부터 20년이 지난 지금 나는 더욱 신중하고 깨어 있는 태도로 졸음의 위험을 조심하게 되었다. 나의 여섯 가족을 데리고 일가친척을 방문하기 위해 인디애나에서 텍사스나 조지아로 장거리 운전을 할 때는 특히 더 그렇다. 나는 창문을 내리거나 빨대를 씹거나 해바라기씨를 먹거나 다량의 카페인을 섭취하거나 내 뺨을 때리는 등, 잠들지 않으려고 별짓을 다 한다. 자동차로 한적한 고속도로를 시속 110킬로미터로 달리는 상황에서는 잠시만 방심해도 치명적인 충돌 사고를 일으킬 수 있다는 두려운 현실을 의식하면 어떻게든 깨어 있을 수밖에 없다. 운전대를 붙잡고 있는 한, 졸음은 결코 선택 사항이 아니다.

조심하려면 잠들지 않고 깨어 있어야 한다. 졸음으로 눈이 감기면 주위를 살펴볼 수 없다. 잠을 자면서 동시에 깨어 있을 수는 없다. 예수님은 제자들에게 한 시간 동안 깨어 자신과 함께 기도하자고 말씀하셨다. 이렇듯 깨어 있음의 훈련에는 물리적인 차원이 포함된다.

윌리엄 거널은 《그리스도인의 전신갑주》라는 책에서 깨어 있음을 문자적인 의미와 비유적인 의미로 모두 설명했다. 그는 "문자적인 의미의 깨어 있음은…물리적인 성질을 띤다…그것은 경건 활동에 밤시간의 일부나 전부를 사용하기 위해 육체가 잠드는 것을 자발적으로 거부하는 것을 의미한다."라고 말했다.[14] 금식이 일시적으로 음식을 삼가는 것인 것처럼 깨어 있음은 일시적으로 잠을 삼가는 것이다. 바울은 고린도후서 6장 5절에서 자신의 사도직을 입증하는 증거들을 제시할 때 이 의미를 적용해 "매 맞음과 간힘과 난동과 수고로움과 자지 못함과 먹지 못함 가운데서도"라고 말했다. 하나님을 진지하게 추구했던 다윗에게서도 깨어 있음의 문자적인 의미를 발견할 수 있다. 그는 시편 63편 6절에서 "내가 나의 침상에서 주를 기억하며 새벽에 주의 말씀을 작은 소리로 읊조릴 때에 하오리니"라고 말했다. 시편 저자들은 오랜 시간 동안 한밤중에 홀로 불침

---

**14.** William Gurnall, *The Christian in Complete Armour* (1845; repr., Edinburgh: Banner of Truth Trust, 1964), 2:499.

## 깨어 있음에 관한 청교도들의 정의

청교도들은 실천적 종교에 관한 논문, 실천적인 설교, 도덕적 문제에 관한 지침서 등에서 신자들에게 깨어 있음을 자주 권고했다.

아래에 인용한 청교도의 글들은 이 중요한 영적 훈련에 대한 그들의 다양하면서도 비슷한 정의를 잘 보여주고 있다.

존 다우네임 : "깨어 있음이란 육신적인 안일함이라는 요람 속에 누워 죄 가운데 잠들지 않고, 거짓 없는 회개로 졸음을 몰아내고, 깨어 일어나 새로운 삶을 사는 것을 의미한다."[a]

리처드 십스 : "깨어 있음이란 잠에서 깨어나자마자 모든 힘과 은사를 행사하여 악을 피하고 선을 행할 준비를 갖추는 것을 의미한다."[b]

토머스 브룩스 : "깨어 있음은 영혼이 잠에서 깨어나는 것을 의미한다. 그것은 삶의 온갖 우여곡절 속에서 우리의 마음과 행위를 계속해서 주의 깊게 살펴 하나님과 그분의 말씀을 늘 가까이하는 것을 뜻한다."[c]

아이작 암브로스 : "깨어 있음은 경건한 행위들을 돕는 가장 중요한 수단이다. 그것은 그런 행위들이 잘 이루어졌는지를 지켜보는 눈이

다. 따라서 우리는 깨어 있음을 모든 의무 가운데 으뜸으로 삼아야 한다…인생의 모든 과정과 변화 속에서 우리의 삶을 계속해서 주의 깊게 살펴 기록된 하나님의 말씀을 늘 가까이하는 것이 깨어 있음의 본질이다."[d]

토머스 보스턴 : "경계는 군사 용어다…여기에는 두 가지 의미가 담겨있다. 하나는 영혼이 계속 깨어 있는 것이고(경계하려면 잠을 자서는 안 된다), 다른 하나는 관찰이다…우리는 적의 위험을 경계하고, 항상 유리한 고지를 점하기 위해 우리가 하는 일에 생각을 집중해야 한다. 경계하려면 주의를 기울여 우리 자신을 살펴야 한다(고전 10:12; 요이 8절).[e]

a. John Downame, *The Christian Warfare* (London: William Stansby, 1634), 28.

b. Richard Sibbes, "The Christian's Watch," in *The Works of Richard Sibbes*, ed. Alexander B. Grosart (1862; repr., Edinburgh: Banner of Truth Trust, 2001), 7:299.

c. Thomas Brooks, *Precious Remedies against Satan's Devices, in The Works of Thomas Brooks*, ed. Alexander B. Grosart (1866; repr., Edinburgh: Banner of Truth Trust, 2001), 1:160.

d. Isaac Ambrose, Prima, Media, et Ultima, *Or, The First, Middle, and Last Things* (Glasgow: James Knox, 1804), 119–20. 앰브로스는 브룩스의 책을 읽은 것이 확실하다. 여기서 브룩스의 책을 인용하기 때문이다.

e. Thomas Boston, "Christian Watchfulness Stated, and Enforced," in *The Whole Works of Thomas Boston*, ed. Samuel M'Millen (Aberdeen: George and Robert King, St. Nicholas Street, 1848), 4:387–88.

번을 서야 하는 파수꾼에 자신을 빗대었다. 시편 130편 6
절은 이렇게 말한다.

> "파수꾼이 아침을 기다림보다 내 영혼이 주를 더 기다리나니
> 참으로 파수꾼이 아침을 기다림보다 더하도다."

시편 119편 148절도 "주의 말씀을 조용히 읊조리려고
내가 새벽녘에 눈을 떴나이다"라고 말한다.

예수님도 잠을 자지 않고 밤이 깊을 때까지 기도하거나
새벽 미명에 일어나 기도하셨다(눅 6:12; 막 1:35). 신자들도 때
때로 그렇게 해야 한다. 거널은 "경건한 영혼의 소유자라
면 누구나 미신적 관습을 피하거나 건강이 관련된 특별한
상황에서는 잠을 자지 않고 기도하는 것이 칭찬받을 만한
일이요, 즐거운 일이라고 생각할 것이 틀림없다."라고 말했
다.[15]

그러나 성경이 가르치는 깨어 있음은 정신적, 영적 의미

---

**15.** Gurnall, *Christian in Complete Armour*, 2:499.

를 지닐 때가 더 많다. 거널은 "깨어 있음은 영혼의 경계나 신중함을 나타내는 비유적인 의미를 지닌다."고 말했다. 그런 점에서 깨어 있음은 "일시적인 의무"가 아닌 긴급하고, 지속적인 삶의 태도를 의미한다.[16] 우리는 이 점을 로마서 13장 11절에서 확인할 수 있다. 바울 사도는 그곳에서 신자들에게 자다가 깰 때가 되었다는 사실을 상기시켜주었다. 바울의 말은 낮잠을 즐긴다는 이유로 신자들을 책망하는 것과는 아무런 상관이 없다. 그는 그리스도인들이 7시간을 자거나 토요일 오후에 잠시 잠을 자며 휴식을 취하는 것을 반대하지 않는다. 낮잠은 우리의 성화를 가로막는 중

---

**16.** Gurnall, *Christian in Complete Armour*, 2:499, 500. John Downame makes a similar distinction in *The Christian Warfare*: 깨어 있음은 물리적인 의미와 영적 의미를 동시에 지닌다. 물리적인 깨어 있음은 다윗이 눈물로 침상을 적시며 밤낮으로 하나님께 부르짖었던 것처럼(시 6:6; 88:1) 기도하기 위해 육신의 잠을 삼가는 것을 의미한다. 우리는 한밤중에도 잠을 자지 않고 일어나 긍휼과 은혜를 베풀어 주신 하나님께 감사해야 한다(시 119:62). 깨어 있음이란 육신적인 안일함이라는 요람 속에 누워 우리의 죄 가운데 잠들지 않고, 거짓 없는 회개로 졸음을 몰아내고, 깨어 일어나 새로운 삶을 사는 것을 의미한다. 바울은 "잠자는 자여 깨어서 죽은 자들 가운데서 일어나라 그리스도께서 너에게 비추이시리라"(엡 5:14)라는 말로 우리에게 깨어 있음을 권고했다. *Christian Warfare*(London: William Stansby, 1634), 28.

대한 방해 요인이 아니다. 바울의 의도는 로마의 신자들을 죄의 잠에서 깨어나게 하는 것이었다. 그의 말을 전부 인용하면 다음과 같다.

> "또한 너희가 이 시기를 알거니와 자다가 깰 때가 벌써 되었
> 으니 이는 이제 우리의 구원이 처음 믿을 때보다 가까웠음이
> 라 밤이 깊고 낮이 가까웠으니 그러므로 우리가 어둠의 일을
> 벗고 빛의 갑옷을 입자 낮에와 같이 단정히 행하고 방탕하거
> 나 술 취하지 말며 음란하거나 호색하지 말며 다투거나 시기
> 하지 말고 오직 주 예수 그리스도로 옷 입고 정욕을 위하여
> 육신의 일을 도모하지 말라"(롬 13:11-14).

바울이 그렇게 권고했던 이유에 주목하라. 그는 "자다가 깰 때가 벌써 되었으니 이는 이제 우리의 구원이 처음 믿을 때보다 가까웠음이라"라고 말했다. 그는 이미 믿음을 가진 신자들에게 말했다. 그렇다면 그는 왜 아직 얻지 못한 구원에 대해 언급하고 있는가? 우리는 대개 구원을 과거의 사건, 곧 이미 우리에게 일어난 사건처럼 말하는 경향이 있

다. 물론, 성경은 때로 구원을 그런 식으로 말하기도 한다. 바울은 다른 곳에서 우리가 이미 믿음을 통해 은혜로 구원받았다고 가르친다(엡 2:8). 그러나 성경은 때로 구원을 미래의 사건으로 말한다. 이 구원은 우리가 아직 경험하지 못한 구원, 곧 우리가 여전히 기다리고 있는 구원을 가리킨다. 미래의 구원은 우리가 처음 믿을 때보다 더 가까워졌다.

로마서 13장 12절은 "밤이 깊고 낮이 가까웠으니"라는 비유적인 표현으로 이 점을 더욱 분명하게 드러낸다. 바울이 염두에 둔 낮은 주님의 날, 곧 마지막 종말론적인 날을 가리킨다. 그날은 위대한 구원과 심판의 날이다. 교회는 구원을 받고, 믿지 않고 불순종하는 사람들은 심판과 진노를 받는다. 바울은 이 두 시대를 염두에 두고 현세와 내세의 관점으로 인류 역사를 바라보았다. 현세는 밤, 곧 어둠의 시대이고, 내세는 낮, 곧 생명과 빛의 시대이다. 신자들은 이 두 시대가 서로 중첩된 시기를 살고 있다. 우리는 미래의 영원한 삶을 살게 될 빛의 자녀들이지만 지금은 어두운 현세, 곧 밤의 시대를 살고 있다. 우리는 빛의 자녀이기 때문에 "어둠의 일을 벗고 빛의 갑옷을 입어야" 한다. 우리는 잠옷을 벗고, 밝아올 날을 위한 옷을 입어야 한다.

바울은 주님의 날이 "밤에 도둑 같이 올" 것을 알고 있는 데살로니가 성도들에게 보낸 편지에서도 이런 논법을 사용했다(살전 5:2). 그날이 오면 영적으로 준비가 되지 않은 사람들은 소스라쳐 놀랄 테지만, 신자들은 "형제들아 너희는 어둠에 있지 아니하매 그 날이 도둑 같이 너희에게 임하지 못하리니 너희는 다 빛의 아들이요 낮의 아들이라 우리가 밤이나 어둠에 속하지 아니하나니"(살전 5:4-5)라는 바울의 말대로 조금도 놀라지 않을 것이다. 그러면 우리는 어떻게 살아야 마땅할까?

> "그러므로 우리는 다른 이들과 같이 자지 말고 오직 깨어 정신을 차릴지라 자는 자들은 밤에 자고 취하는 자들은 밤에 취하되 우리는 낮에 속하였으니 정신을 차리고 믿음과 사랑의 호심경을 붙이고 구원의 소망의 투구를 쓰자"(살전 5:6-8).

이것이 우리가 부름받고 있는, 깨어 있고 경계하며 경성하는 삶이다. 우리는 낮에 속한 사람들로서, 믿음과 소망과 사랑이라는 기독교의 갑옷을 입고 맑은 정신을 유지하며 도덕적으로 깨어 있어야 한다. 깨어 있음은 잠들지 않고 깨어 있는 것을 의미한다.

## 주의를 기울일 것

깨어 있음은 주의를 기울일 것을 요구한다. 깨어 경계하려면 생각하고, 유의하고, 빈틈없이 살펴야 한다. 깨어 있는 것은 주의를 기울이는 것이다. 우리는 밤에 적의 후방을 노리기 위해 고공 침투 훈련을 받는 공수부대처럼 행동해야 하고, 사령관의 명령에 따라 임무를 완수할 수 있도록 정신력과 체력을 기르는 데 집중해야 한다. 그러나 우리는 여객기에 탑승한 승객들처럼 행동할 때가 너무나도 많다. 그런 승객들은 이륙 전에 승무원들이 알려준 비상시의 대처 방법을 금세 잊어버린다. 그들은 이미 모든 주의 사항을 전해 들었지만, 위험을 긴급하거나 실질적인 것으로 생각하지 않고 탐정 소설을 읽는 것에 훨씬 더 많은 관심을 기울인다.

그러나 예수님과 사도들은 주의를 기울이라고 가르친

다. 먼저, 우리는 하나님의 말씀에 주의를 기울여야 한다. 예수님이 제자들에게 말씀하신 대로, 우리는 듣는 것에 주의를 기울여야 한다. 이 권고의 말씀은 씨 뿌리는 자의 비유가 전달된 직후에 주어졌다. 예수님은 그 비유에서 선포된 말씀에 대한 사람들의 다양한 반응을 여러 종류의 토양에 비유하셨다(막 4:3-20). 3-9절은 비유 자체이고, 13-20절은 그에 대한 해석이다.

이 비유의 의미는 간단하다. 씨앗은 선포된 복음의 말씀, 곧 하나님 나라의 좋은 소식을(막 1:14; 2:2 참조) 가리키며, 땅은 여러 종류의 청중을 가리킨다. 그 가운데 한 곳만 토질이 좋아 열매를 맺고, 다른 땅들은 영적 원수, 박해, 세상의 일 때문에 말씀을 받지 못하고 열매를 맺지 못한다. 그러나 "좋은 땅"에 해당하는 청중은 말씀을 듣고 받아들여 열매를 맺는다. 예수님은 그렇게 가르치고 나서 "너희가 무엇을 듣는가 스스로 삼가라"고 경고하셨다. 이 말씀에는, 말씀에 온전히 주의를 기울이지 않으면 그것을 쉽게 잊어버릴 수밖에 없다는 의미가 담겨 있다. 원수는 우리의 마음에서 말씀을 빼앗아 간다. 고난의 열기가 뜨거우면 말씀은 시들기 쉽고 세상의 염려와 욕망에 사로잡히면 말씀은 떠내려갈 수 있다.

히브리서도 복음에 주의를 기울이는 것이 중요하다고 강조한다. "그러므로 우리는 들은 것에 더욱 유념함으로 우리가 흘러 떠내려가지 않도록 함이 마땅하니라"(히 2:1). 이 구절은 위험을 다른 방식으로 묘사해 말씀에 신중히 주의를 기울이라고 권고한다. 예수님은 농사와 관련된 용어를 사용하셨고, 히브리서 구절은 항해와 관련된 용어를 사용했다. 배가 계류장에서 풀려나와 해안으로부터 표류하는 광경을 상상해보라. 이처럼 이 구절은 복음에서 멀어지는 것을 주의하라고 경고한다.[17]

---

**17.** 히브리서 저자는 이 문맥에서 유대인 신자들, 곧 복음에서 다시 벗어나 옛 언약으로 되돌아가려는 유혹을 느끼는 히브리 신자들을 대상으로 말씀을 가르치고 있다. 그의 서신은 복음을 굳게 붙잡아 그 안에서 인내하라고 가르치기 위해 갈수록 권고의 긴박성을 증폭시키는 형식을 갖추고 있다. 그는 그리스도께서 모세, 레위기의 제사장 제도, 옛 언약의 희생 제도보다 더 우월하시다는 것을 주의 깊게 드러냄으로써 그분의 인격과 사역이 새 언약 안에서 어떤 의미를 지니는지를 자세하게 설명했고, 그것으로 자신의 권고를 뒷받침했다. 존 오웬은 히브리서를 강해하면서 이렇게 말했다. "선포된 말씀에 주의를 기울이라는 것은…사도가 나중에 좀 더 포괄적으로 설명하고 있는 대로 믿음과 복종하는 정신과 일관된 태도로 말씀의 창시자, 말씀의 내용, 말씀의 중요성과 중대성, 말씀의 목적을 깊이 생각하라는 것이다."

복음에 주의를 기울이려면 그와 동시에 우리 자신에게
도 주의를 기울여야 한다. 깨어 있음에는 우리 자신의 마음
과 행위를 살피는 일이 포함된다. 이것이 리처드 로저스가
"우리의 마음이 하나님이 기뻐 받으시는 상태가 되려면 마
음을 주의 깊게 지켜보고, 우리의 행위를 부지런히 살펴야

---

오웬은 이 구절을 계속해서 강해하면서 복음의 말씀에 주의를 기울이려면
다섯 가지가 필요하다고 말했다. 첫째, 복음을 통해 우리에게 주어진 은혜
의 가치를 인식해야 한다. 말씀의 가치를 더 많이 인식할수록 그것에 더 많
은 주의를 기울일 수 있다. 그는 이렇게 말했다. "복음의 필요성과 가치와
영광과…탁월함을 일관된 태도로 깊이 생각해야 하며, 특히 복음의 창시자
에 대해 생각해야 하며, 복음을 통해 주어진 은혜를 생각해야 한다. 이것이
복음에 부지런히 주의를 기울이는 첫걸음이다." 둘째, 말씀을 부지런히 공
부해야 한다. "말씀에 주의하려면 그것을 정성을 다해 부지런히 연구하고
(시 1:2), 정해진 모든 수단을 열심히 활용해 말씀에 익숙해져야 할 뿐 아니
라 그 비밀을 깨닫고 그 가르침에 정통해야 한다." 셋째, 말씀은 믿음과 결
합하지 않으면 아무런 유익이 없다. "말씀에 주의할 때는 이것이 꼭 필요하
다. 이것이 없으면 다른 모든 노력은 한갓 죽은 송장에 지나지 않는다. 영적
세계에서 듣기만 하고 믿지 않는 것은 자연 세계에서 고기를 보기만 할 뿐,
먹지 않는 것과 같다. 그런 노력은 헛된 공상만 부추길 뿐, 영혼을 배불릴
수 없다." 넷째, 우리의 마음과 삶을 말씀에 순응시켜 말씀을 실천하려고
노력해야 한다. "복음의 진리에 의해 듣는 자의 마음이 살아나고, 생명을
얻고, 활기를 띠고, 그것을 통해 그 안에 말씀의 형상이 조성되고 형성되어
삶의 열매로 그 형상을 표현하는 것이…올바른 태도로 말씀에 주의하는 것
이다." 다섯째, 말씀에 신중하게 주의를 기울이려면 말씀의 진리와 능력이
우리 안에서 역사하지 못하게 방해하는 모든 요인을 경계해야 한다. 그런
요인들은 많기 때문에 "깨어 있음에 부지런히 힘써야 한다." Summarized
from Owen, *Hebrews*, in *Works*, 20:264-66.

한다."고 말한 이유다.[18]

예수님은 종종 제자들에게 "너희는 스스로 조심하라"(눅 17:3)고 당부하셨다. 그분은 "너희는 스스로 조심하라 그렇지 않으면 방탕함과 술취함과 생활의 염려로 마음이 둔하여지고"(눅 21:34)라고 말씀하셨다. 우리는 말씀과 우리 자신에게 주의를 기울여야 한다. 바울은 디모데전서에서 이 두 가지를 결합해 믿음의 아들인 디모데에게 개인적인 삶과 교리에 주의를 기울이라고 당부했다. 그는 "네가 네 자신과 가르침을 살펴 이 일을 계속하라 이것을 행함으로 네 자신과 네게 듣는 자를 구원하리라"(딤전 4:16)라고 말했다.

깨어 있음은 특히 그리스도께 주의를 기울이라고 요구한다. 우리 앞에 당한 경주를 하려면 "믿음의 주요 또 온전하게 하시는 이인 예수를 바라봐야 한다"(히 12:2). 오웬은 《The Nature and Causes of Apostasy from the Gospel》(배교의 본질과 원인)에서 깨어 있음을 배교를 방지하는 가장 중요한

---

**18.** Rogers, *Holy Helps*, 41.

수단 가운데 하나로 간주했다.[19] 오웬의 견해에 따르면 깨어 있음이 이루어지려면 다음의 세 가지를 주의해야 한다. (1) 우리의 마음을 깨어 있게 잘 지켜서 "자기기만에 빠지지 않도록 주의해야 한다." (2) 우리의 마음을 깨어 있게 잘 지켜서 "도움과 구원을 발견해야 한다. 도움과 구원은 우리 구원의 대장이신 그리스도 예수 안에서만 발견할 수 있다." (3) 우리의 마음을 깨어 있게 잘 지켜서 "거룩함이 증대하고 있는지 쇠퇴하고 있는지 점검해야 한다."[20]

3장에서 마음을 살피는 습관을 기르는 법을 좀 더 자세히 살펴볼 생각이다. 오웬의 그리스도 중심적인 접근방

---

**19.** "그런 시기에 보호받기를 원한다면 자신의 의무와 위험과 관련해 스스로의 마음을 적절하고, 주의 깊게 살펴야 한다. 유혹은 너무나도 많지만 모든 상황에서 항상 조심하는 사람은 그 능력이 증대된다. 악의 외적 수단과 원인이 아무리 많다고 해도 모든 인간의 영적 타락은 그들의 마음과 정신에서부터 시작한다. 그런 것들이 사람들의 마음과 삶에 미치는 영향은 매우 다양하지만 그 원인은 주로 그를 자신에게 있다. 의무를 행할 때 신중하고, 주의 깊고, 부지런한 태도를 취하면 보호받을 것이고, 나태하고, 부주의하고, 안일한 태도를 취하면 패배할 것이다." Owen, *The Nature and Causes of Apostasy from the Gospel*, in Works, 7:245.

**20.** Owen, *The Nature and Causes of Apostasy from the Gospel*, in *Works*, 7:247-48.

식에 주목하라. 우리 자신만을 면밀하게 살피는 것만으로는 충분하지 않다. 우리의 눈을 그리스도께로 향해야 한다. 오직 그리스도만이 우리를 유혹에서 지켜주실 수 있다 (계 3:10). "그리스도의 영적 도우심과 구원을 받지 못하면, 오직 그분만이 주실 수 있는 은혜와 능력의 공급을 날마다 받지 못하면" 우리는 넘어질 수밖에 없다.[21]

## 경계

언젠가 여름철에 나이 든 텍사스 목장 주인을 위해 잠시 일을 한 적이 있다. 개간되지 않은 광활한 들판에서 메스키트 나무를 죽이는 일이었다. 나는 제초제가 담긴 분무기를 등에 지고 풀이 무성하게 자란 들판을 쉴 새 없이 걸어 다

---

**21.** Owen, *The Nature and Causes of Apostasy from the Gospel*, in *Works*, 7:248. 또한 Elvina M. Hall의 오래된 찬송가 "Jesus Paid It All"(1865, in the public domain)의 가사를 고려하라.

> 주님이 말씀하시네.
> 네 힘은 참으로 미약하나
> 연약한 자녀여, 깨어 기도하여
> 내 안에서 너의 모든 것을 얻으라.

녀야 했다. 한 가지, 곧 방울뱀만 빼면 따분하기 짝이 없는
일이었다.

내가 일하던 곳은 방울뱀 포획 축제로 유명한 텍사스의
빅 컨트리였다. 나의 유일한 보호 장비는 청바지 위에 입는
플라스틱 바지였다. 그 바지는 방울뱀의 독니가 빗겨나갈
만큼 단단했다. 그러나 그 바지를 입었다고 해서 경계를 늦
추기는 어려웠다. 내 어린 시절의 영웅 인디애나 존스처럼
나도 뱀을 싫어했다(지금도 마찬가지다). 언제 방울뱀이 내 앞
을 지나갈지 알 수 없었다. 한번은 두어 발자국만 더 나아
갔으면 방울뱀을 밟을 뻔한 적도 있었다. 그런 상황은 나의
경계심을 크게 부추겼다. 나는 발을 디디는 곳을 유심히 살
폈고, 방울뱀이 나타날까 봐 촉각을 곤두세웠으며, 무엇이
갑작스레 움직이는 것 같으면 소스라쳐 펄쩍 뛰었다.

경계는 깨어 있음의 세 번째 요소다. 깨어 있음이 이루
어지려면 깨어 주의해야 할 뿐 아니라 경계해야 한다. 성의
파수꾼은 방심하지 않고 경계한다. 그는 적군이 접근하는
지 유심히 살핀다. 군인들은 경계 태세를 늦추지 않고, 적
군의 움직임을 샅샅이 감시한다. 사람들은 자기가 위험에

빠졌다는 것을 알면 경계심을 바짝 돋운다.

십자가의 군사인 우리는 적들에 포위된 상태다. 옛 찬송
가는 이렇게 노래한다.

그리스도인들이여! 아직 휴식을 구하지 말라.

안일한 생각을 떨쳐 버리라.

지금 적들에게 둘러싸여 있으니

깨어 기도하라.

우리를 에워싸고 있는 치명적인 원수들은 누구인가? 교
회는 성경의 가르침을 짧게 요약한 가르침으로 이 물음에
대해 세상, 육신, 마귀라고 대답해 왔다.[22]

우리의 첫 번째 원수는 세상이다. 성경은 "이 세상이나
세상에 있는 것들을 사랑하지 말라 누구든지 세상을 사랑
하면 아버지의 사랑이 그 안에 있지 아니하니 이는 세상에

---

22. See especially Downame's *Christian Warfare*: Downame의 책은 그
제목이 암시하듯 이 세 가지 원수 각각에 대응하는 구조로 되어 있다.

있는 모든 것이 육신의 정욕과 안목의 정욕과 이생의 자랑이니 다 아버지께로부터 온 것이 아니요 세상으로부터 온 것이라"(요일 2:15-16)라고 경고한다. 야고보는 세상의 벗이 되는 것은 곧 하나님의 원수가 되는 것이라고 말했다(약 4:4). 여기에서 세상이란 인간들이 하나님의 뜻을 거스르는 욕망과 야심으로 반역하는 것을 가리킨다.

두 번째 원수는 우리 마음속에 자리 잡고 있다. 그것은 바로 바울이 종종 "육신"으로 일컬은 "내주하는 죄"다. 예를 들어, 로마서 7장 18-20절은 이렇게 말한다.

> "내 속 곧 내 육신에 선한 것이 거하지 아니하는 줄을 아노니 원함은 내게 있으나 선을 행하는 것은 없노라 내가 원하는 바 선은 행하지 아니하고 도리어 원하지 아니하는 바 악을 행하는도다 만일 내가 원하지 아니하는 그것을 하면 이를 행하는 자는 내가 아니요 내 속에 거하는 죄니라."

갈라디아서 5장에서도 비슷한 내용의 말씀이 발견된다.

"내가 이르노니 너희는 성령을 따라 행하라 그리하면 육체의 욕심을 이루지 아니하리라 육체의 소욕은 성령을 거스르고 성령은 육체를 거스르나니 이 둘이 서로 대적함으로 너희가 원하는 것을 하지 못하게 하려 함이니라…그리스도 예수의 사람들은 육체와 함께 그 정욕과 탐심을 십자가에 못 박았느니라"(갈 5:16-17, 24).

위의 말씀들을 비롯해 많은 성경 말씀이 증언하는 대로, 신자들은 "육체와 함께 그 정욕과 탐심을 십자가에 못 박았"지만(24절), 육신과의 싸움은 여전히 계속된다(17절). 우리의 내면에서 솟구치는 육신의 욕망에 미혹될 위험이 항상 도사리고 있다. 죄는 스파이처럼 우리의 마음과 생각 속에 은밀히 숨어서 우리를 배신할 기회를 호시탐탐 노리고 있다. 칼빈은 "거듭난 사람 안에는 연기를 내뿜는 타다 남은 악의 찌꺼기가 남아 있다. 그곳에서부터 계속해서 욕망이 솟구쳐 나와 죄를 짓도록 유혹하고 충동한다."라고 말했다.[23] 이 타다 남은 찌꺼기는 언제 어디서나 금세 활활 타오를 수 있다. 이것이 경계가 필요한 이유다. 바울은 "너희는 죄가 너희 죽을 몸을 지배하지 못하게 하여 몸의 사욕에 순종하지 말고"(롬 6:12)라고 말했고, 베드로도 "사랑하는 자들아 거류민과 나그네 같은 너희를 권하노니 영혼을 거슬러 싸우는 육체의 정욕을 제어하라"(벧전 2:11)고 말했다.

우리의 세 번째, 가장 큰 원수는 "옛 뱀 곧 마귀라고도 하고 사탄이라고도 하며 온 천하를 꾀는 자"(계 12:9)와 그의 명령을 받는 악한 영들이다(엡 6:12). C. S. 루이스는 귀신들에 대한 두 가지 오류를 피해야 한다고 말했다. "하나는 그들의 존재를 믿지 않는 것이고, 다른 하나는 그들의 존재를 믿되 그들에게 과도하고 불건전한 관심을 기울이는 것이다."[24] 다시 말해, 자동차 타이어가 터지거나 독감에 걸리

---

**23.** John Calvin, *Institutes of the Christian Religion*, ed. John T. McNeil, trans. Ford Lewis Battles (Philadelphia: Westminster, 1960), 3.3.10 (602).

**24.** C. S. Lewis, *The Screwtape Letters* (New York: HarperCollins, 2001), ix.

는 일이 일어났을 때마다 그 배후에 귀신의 세력이 역사하고 있다고 생각할 필요는 없지만, 그렇다고 해서 그들이 우리의 영적 안녕을 깨뜨리려고 애쓴다는 사실을 무시해서도 안 된다. 베드로는 "근신하라 깨어라 너희 대적 마귀가 우는 사자 같이 두루 다니며 삼킬 자를 찾나니"(벧전 5:8)라고 말했다.

### 기대

깨어 있음을 실천하는 마지막 요소는 기대다. 경계가 경고의 의미를 지닌다면 기대는 희망을 나타낸다. 이것은 막연한 희망 사항이 아니라 신실하신 하나님이 약속을 반드시 성취하실 것이라고 확신하는 믿음을 의미한다.

이런 기대를 시편 130편 5-8절에서 확인할 수 있다. 시편 저자는 자신을 날이 새기를 고대하며 한밤중에 불침번을 서는 파수꾼에 빗대었다.

"나 곧 내 영혼은 여호와를 기다리며 나는 주의 말씀을 바라는도다 파수꾼이 아침을 기다림보다 내 영혼이 주를 더 기다리나니 참으로 파수꾼이 아침을 기다림보다 더하도다 이스라엘아 여호와를 바랄지어다 여호와께서는 인자하심과 풍성한 속량이 있음이라 그가 이스라엘을 그의 모든 죄악에서 속량하시리로다"(시 130:5-8).

시편 저자는 하나님을 기다리며 그분의 말씀에 희망을 두었다. 오웬은 그의 기다림이 차분함과 부지런함과 기대로 이루어졌다고 설명했다.[25] 이것이 깨어 있는 영혼의 태도다. 그런 영혼은 주제넘게 서두르거나 나태함에 빠져 죄를 짓거나 불신앙에 사로잡혀 절망하지 않는다. 파수꾼은 아침이 올 것을 확신하며 자신의 위치를 굳게 지킨 채 어둡고 긴 밤을 지새운다. 하나님의 약속의 말씀을 믿는 신자는 희망에 찬 기대를 품고 구원의 여명이 밝아오기를 기다린다.

예수님이 마태복음 25장에서 가르치신 종말론적인 비유(열 처녀 비유)에서도 이런 의미의 기대가 발견된다. 그 이야

---

**25.** John Owen, *An Exposition upon Psalm CXXX*, in *Works*, 6:611.

기를 기억하는가? 열 처녀가 손에 등불을 들고 신랑을 맞으러 나갔다. 슬기로운 처녀들은 등불을 밝힐 기름을 가져갔지만 어리석은 처녀들은 기름을 가져가지 않았다. 밤중에 신랑이 오는 소리가 났지만 어리석은 처녀들은 등에 채울 기름이 없었다. 그들이 기름을 사러 간 사이에 신랑이 도착했고, 슬기로운 처녀들만 신랑을 맞았다. 그들은 혼인 잔치에 들어가고, 어리석은 처녀들은 문이 닫혀 들어가지 못했다. 그들은 "주여 주여 우리에게 열어주소서"라고 소리쳤지만 신랑은 그들을 받아들이지 않았다(마 25:11-12). 예수님은 비유를 마치고 나서 "그런즉 깨어 있으라 너희는 그 날과 그 때를 알지 못하느니라"(13절)라고 가르치셨다.

이 비유는 깨어 있음을 종말론적인 기대와 연결지어, 재림하실 그리스도께 생각을 집중하라고 가르친다. 이것은 사복음서와 서신서와 요한계시록, 곧 신약성경 전체를 관통하는 핵심이다. 예수님은 누가복음 21장 34절에서 "너희는 스스로 조심하라 그렇지 않으면 방탕함과 술취함과 생활의 염려로 마음이 둔하여지고 뜻밖에 그 날이 덫과 같이 너희에게 임하리라"라고 말씀하셨다. 베드로도 그와 비숫하게 "만물의 마지막이 가까이 왔으니 그러므로 너희는 정신을 차리고 근신하여 기도하라"(벧전 4:7)라고 말했다. 그리스도는 요한계시록 16장 15절에서 "보라 내가 도둑 같이 오리니 누구든지 깨어 자기 옷을 지켜 벌거벗고 다니지 아니하며 자기의 부끄러움을 보이지 아니하는 자는 복이 있도다"라고 말씀하셨다.

깨어 있음은 종말론적인 기대와 관련해 두 가지 기능을 발휘한다. 하나는 항상 준비 상태를 유지하는 것이고, 다른 하나는 그리스도를 줄곧 바라보는 것이다. 깨어 있음은 도덕적인 경계심을 요구하지만 독선적인 자기 응시가 아닌 예수님께 초점을 맞춰, 모든 것을 과거에 이루어진 그분의 승리와 미래에 있을 그분의 재림이라는 영광스러운 빛에 비추어 생각하는 태도를 지향한다. 따라서 깨어 있는 그리스도인들은 우울한 사람이 아니라 세상에서 가장 희망이 가득한 사람이다. 그들은 신랑이신 주님이 돌아오시기를 기대하는 즐거움으로 활기가 넘치는 삶을 살아간다.

# 깨어 기도하라

이처럼 깨어 있음은 네 가지 요소(경성, 주의, 경계, 기대)로 구성되어 있다. 즉 도덕적으로나 영적으로 잠들어 있지 않아야 하고, 하나님의 말씀과 우리의 영혼과 그리스도께 주의를 기울여야 하며, 도덕적인 원수들(세상, 육신, 마귀)을 경계해야 하고, 주님(그분의 약속과 재림)을 기대해야 한다.

나는 이번 장을 19세기 영국 시인 샬럿 엘리엇의 찬송시로 마무리하고 싶다. 그녀의 "그리스도인이여! 아직 휴식을 바라지 말라"라는 찬송가는 깨어 있음의 본질을 잘 보여주고 있다. 앞에서 이미 1절을 인용한 바 있다. 아래에 2절 이하 나머지 절을 인용했으니 주의를 기울여 읽어주기 바란다.

정사와 권세들이
보이지 않은 세력을 모아
우리가 경계심을 늦출 때를 기다리노니
깨어 기도하라.

하늘의 갑옷을 착용하고,

그것을 밤낮으로 항상 입고 있으라.

악한 자가 매복하고 있으니

깨어 기도하라.


이미 승리를 거둔 사람들에게 귀 기울이라.

그들은 여전히 용사들의 행동을 주시하며

은혜로운 음성으로 일제히

"깨어 기도하라"고 소리친다.


무엇보다도 우리의 주님,

우리가 순종하기를 원하는 그분께 귀 기울이고

"깨어 기도하라"는 그분의 말씀을

마음속에 깊이 간직하라.


깨어라!

그것으로

하루의 승패가 갈리는 것처럼

기도하라! 도움이 임하기를

깨어 기도하라![26]

---

**26.** Charlotte Elliot, "Christian, Seek Not Yet Repose" (1836), in the public domain.

## 점검과 적용

1. 그리스도인의 삶은 여정이자 경주요, 싸움이다. 당신은 순례
   자이자 경주자요, 군인이다. 이러한 비유들 가운데 그리스도
   인의 삶의 의미를 이해하는 데 가장 도움이 되는 비유는 무엇
   이고, 또 그렇게 생각하는 이유는 무엇인지 생각해보라.

2. 깨어 있음에 관한 오웬의 정의를 읽고 묵상하라. 자신의 삶에
   서 깨어 있음의 어떤 측면이 빠져 있다고 생각하는가?

3. 신약성경의 서신서를 읽고, "깨다", "주의하다", "조심하다"를
   비롯해 깨어 있음을 나타내는 그 밖의 용어들을 찾아 표시해보
   라. 그 공부를 통해 새로 깨달은 것이 있으면 글로 적어보라.

4. 깨어 있음의 네 가지 요소는 무엇인가?

5. 당신은 세상과 육신과 마귀를 경계하고 있는가, 아니면 경계
   를 게을리하고 있는가? 당신의 삶에 깨어 있음의 어떤 측면이
   가장 필요한지 깨닫게 해달라고 주님께 기도하라.

6. 그리스도의 재림을 얼마나 자주 생각하는가? 재림에 대한 희망
   으로 더욱 기쁘고 더욱 깨어 있는 삶을 살고 있는가?

# 2장
# 왜 : 깨어 있음의 필요성

"하나님을 영화롭게 하고, 우리의 영혼을 유익하게 하는 삶을 계속해서 유지하려면 세심한 조심성과 주의와 깨어 있음과 신중함이 필요하다. 부주의한 신앙은 은밀하거나 공개적인 배교로 귀결되거나 큰 고통의 원인이 된다…이것은 전쟁이다. 전쟁터에서 부주의하고 신중하지 않은 사람은 적군의 먹이가 될 수밖에 없다."

-존 오웬의 《히브리서 강해》에서

이미 한 가지는 분명해졌다. 즉, 깨어 있음은 노력을 요구한다는 것이다. 우리는 적들이 점령하고 있는 위험 지역을 통과하는 순례자들이다. 우리가 가야 할 여정은 길고, 험하고, 위험이 가득하다. 천성을 향해 가는 경주자인 우리는, 우리의 전진을 방해하는 모든 것을 옆으로 제쳐놓으라는 요구를 받는다. 이것은 훈련과 거룩한 땀이 필요하다. 우리는 군인들처럼 엄격한 조건 속에서 전쟁을 치른다. 위험은 매우 크고, 적들은 몹시 사납다.

물론, 이런 식의 깨어 있음은 특별히 흥미롭게 들리지 않을 수도 있다. 초기 청교도의 리처드 로저스는 "깨어 있음은 거기에 익숙해지기 전까지는 너무 힘든 일처럼 생각될 수 있다."고 말했다.[1] 로저스 자신도 실패의 경험을 통해 깨어 있음의 필요성을 깨달았다. 그는 젊었을 때 완고한 마음과 영적 무기력함을 극복하지 못해 많은 어려움을 겪었다. 그는 때로 영적 의무를 몇 시간, 심지어는 며칠 동안 게을리하기도 했다.[2] 그러나 그는 깨어 있음을 실천함으로써

---

**1.** Rogers, *Holy Helps*, 47.

**2.** 1587년 12월 22일자 일기는 이렇게 시작한다.

"어느 날 아침, 나의 삶을 지속적으로 살펴보는 이런 습관과 어쩌다 생각날 때마다 그렇게 했던 이전의 행위를 비교해보니, 전에는 불안정하고 무질서할 때가 많아서 시시때때로 아무런 경계심 없이 위험 속으로 걸어가는 나 자신

하나님과 늘 동행하는 삶을 살 수 있었고, 그로 인해 훗날 "당대의 에녹"으로 불리게 되었다.[3]

깨어 있음이 너무 힘들게 생각된다면 이번 장을 주의 깊게 읽어봐야 할 필요가 있다. 깨어 있음은 노력을 요구한다. 이것은 희생과 수고가 뒤따르는 일이다. 그러나 바로 그것이 영적 훈련의 가치와 필요성과 긴급성을 입증하는 증거다. 깨어 있는 것은 희생을 요구하지만 깨어 있지 않으면 더 큰 희생을 치러야 한다. 그렇다면 깨어 있어야 하는 이유는 무엇일까? 크게 일곱 가지 이유가 있다.

_____

을 의식할 수도 없었고, 또 얼른 제정신을 차리지 못한 채로 몇 시간 또는 심지어 며칠 동안이나 나의 소명을 제대로 이행하지 못하고, 때로는 침울하고 울적하게, 때로는 흐리터분하게 지내면서 연구도 하지 않고 무익한 열매들을 많이 맺었다는 생각이 떠올랐다. 나는 그런 엄청난 차이를 깨닫게 되었고, 나 자신을 향해 '이것이야말로 내가 항상 나의 동반자로 삼아 늘 열망해야 할 그리스도인의 삶이로구나.'라고 말하지 않을 수 없었다."
Richard Rogers and Samuel Ward, *Two Elizabethan Puritan Diaries*, ed. M. M. Knappen (Chicago: American Society of Church History, 1933), 70.

**3.** Joel Beeke and Randall J. Pederson, *Meet the Puritans: With a Guide to Modern Reprints* (Grand Rapids: Reformation Heritage Books, 2007), 507.

## 마음의 가치

깨어 있음이 필요한 이유는 마음이 큰 가치를 지니기 때문
이다. 아더 핑크는 마음을 지키는 것이 "하나님이 자기 자
녀들에게 부여하신 가장 큰 과제"라고 말했다.[4] 솔로몬은
"모든 지킬 만한 것 중에 더욱 네 마음을 지키라 생명의 근
원이 이에서 남이니라"(잠 4:23)고 말했다. 솔로몬이 말한 마
음heart은 피를 뿜어 순환시키는 심장이 아니라 삶을 통제하
는 중심부, 곧 우리의 영혼을 의미한다.

마음, 곧 영혼은 우리의 가장 중요한 부분이다. 마음은
일종의 지휘통제부와 같다. 그곳은 우리의 생각과 감정과
욕구의 좌소다. 존 번연은 《거룩한 전쟁》에서 마음을 맨소
울 성의 중심에 있는 궁궐로 묘사했다.

이 성의 중앙에는 가장 유명하고 웅장한 궁궐이 우뚝 솟아

---

**4.** A. W. Pink, *Guarding Your Heart* (Pensacola, Fla.: Chapel Library, 2010), 9.

있다. 강력하기로는 요새와 같고, 유쾌하기로는 낙원과 같으며, 규모로는 온 세상을 다 품을 만큼 넓다. 샤다이 왕은 이곳을 다른 사람과 공유하지 않고, 오직 혼자서만 소유하기를 원했다. 샤다이 왕은 이곳에 수비대를 설치하고, 그곳의 방비를 성에 사는 사람들에게 위임했다.[5]

예수님은 영혼이 온 천하보다 더 귀하다고 말씀하셨다. "사람이 온 천하를 얻고도 제 목숨을 잃으면 무엇이 유익하리요 사람이 무엇을 주고 제 목숨과 바꾸겠느냐"(마 16:26). 그분은 또한 "마음에 가득한 것을 입으로 말함이라"(마 12:34)라는 말씀으로 우리의 말과 행위가 마음에서부터 비롯한다고 가르치셨다. 우리의 마음속에 있는 것이 곧 우리의 정체성을 결정한다. 삶의 다양한 물줄기가 마음의 원천에서 흘러나온다. 마음을 지키지 않으면 우리의 삶은 엉망진창으로 변할 것이다.

---

**5.** John Bunyan, *The Holy War* (Ross-shire, Scotland: Christian Focus, 1993), 20.

문제는 우리의 마음이 죄에 치명적으로 오염되어 병든 상태가 되었다는 데 있다. 예레미야 선지자는 이렇게 말했다.

"만물보다 거짓되고 심히 부패한 것은 마음이라 누가 능히 이를 알리요마는"(렘 17:9).

우리의 마음이 하나님의 깨끗하게 하시는 능력으로 정화되고, 변화의 능력을 지닌 그분의 은혜로 새롭게 되지 않으면 참된 경건은 불가능하다. 신자들에게 주어진 좋은 소식은 하나님이 이미 우리의 마음을 새롭게 변화시키셨다는 것이다. "어두운 데에 빛이 비치라 말씀하셨던 그 하나님께서 예수 그리스도의 얼굴에 있는 하나님의 영광을 아는 빛을 우리 마음에 비추셨느니라"(고후 4:6). 하나님은 우리의 어두워진 마음에 빛을 비추신다. 그분은 우리의 혼란스러운 내면에 질서를 가져다주신다. 새 창조의 주님이 우리의 죽어 있는 어두운 영혼에 빛과 생명의 말씀을 전하신다. 그분은 믿음으로 우리의 마음을 깨끗하게 하신다(행 15:9).

그러나 거듭난 뒤에도 우리는 마음을 지켜야 한다. 영혼을 상대로 격렬한 게릴라전을 펼치는 육체의 정욕으로부터 우리의 마음을 지켜야 한다(벧전 2:11). 우리를 지배하는 죄의 결박은 끊어졌지만 그 선동적인 영향력은 여전히 남아 있다. 마음을 살펴봐야 하는 이유는 "마음이 온갖 간계와 기만을 가지고 있기 때문이다."[6] 죄는 여전히 우리 안에 거주한다.

존 오트버그는 그의 책《Soul Keeping》에서, 영혼을 알프스의 고산 지역에서 흘러나와 산골 마을에 신선함과 활력을 가져다주는 수정같이 맑고 아름다운 시냇물에 비유했다. 그 시냇물은 산속의 샘에서 솟아 나온다. "샘물지기"로 불리는 한 노인이 그곳을 돌보았다. 그의 임무는 샘물이 오염되지 않도록 나뭇가지와 잎사귀를 비롯해 여러 가지 잔해물을 제거하는 것이었다.

어느 해, 마을에서 그 노인을 해고하고 비용을 다른 곳에

**6.** Owen, *The Nature, Power, Deceit, and Prevalency of the Remainders of Indwelling Sin in Believers*, in *Works*, 6:175.

사용하기로 결정했다. 샘물을 돌보는 사람이 없자 시냇물은 곧 오염되었다. "작고 큰 나뭇가지들과 진흙이 물의 흐름을 방해했다. 진흙과 침적토가 개울 바닥에 빽빽하게 쌓였고, 농장 폐기물은 시냇물의 일부를 정체된 늪으로 만들었다." 처음에는 아무도 눈치채지 못했지만 결국에는 온 마을이 영향을 받게 되었다. 어떤 사람들은 병에 걸렸고, 아이들은 더 이상 물속에서 놀지 않았다. 신선한 물 내음과 아름답게 반짝이는 물빛이 사라졌다.

결국, 마을 사람들은 다시 회의를 열고 그 노인을 고용해 샘물을 정화하는 일을 맡겼다. 어느 정도 시간이 지나자 "샘물이 정화되었고 시냇물이 깨끗해졌다. 아이들은 다시 둑에서 놀기 시작했고 질병이 사라지고 건강이 찾아왔다…마을은 다시 생명을 얻었다." 오트버그는 "마을의 생명은 시냇물의 건강에 달려 있었다."라고 말했다.

당신은 당신의 영혼을 지키고 있는가? 내면 깊숙한 곳에 있는 영혼이 왕께서 거하시기에 적합할 만큼 깨끗하게 준비되어 있는가? 마음에서 흘러나오는 생각과 말과 행위가 깨끗하고 순수한가? 아니면 마음을 지키는 일을 소홀히 하고 있는가? "시냇물은 당신의 영혼이고, 당신은 그것을 지키는 자다."[7]

## 완고한 마음의 위험

우리의 마음은 참으로 귀하지만 항상 완고해질 위험에 노출되어 있다. 무릎을 꿇고 기도하거나 성경 말씀을 묵상하거나 어려운 사람을 도우라는 성령의 감동을 느낀 적이 있는가? 그럴 때, 전화를 걸거나 텔레비전 채널을 이리저리 돌리거나 이메일을 점검하는 등, 그것을 무시해 버렸는가?

그러나 그러다 보면 얼마 지나지 않아 더는 영적 감동을 느끼지 못하게 되고, 기도하고 싶은 마음이나 하나님의 말씀을 사모하는 마음이 아침 이슬처럼 사라지고 말 것이다. 또한 관대하게 베풀려는 마음도 함께 없어질 것이다.

무슨 일이 일어난 것일까? 마음이 완고해진 것이다. 우

---

**7.** John Ortberg, *Soul Keeping: Caring for the Most Important Part of You* (Grand Rapids: Zondervan, 2014), 13–14.

리의 마음이 완고해지려는 성향을 지니고 있다는 사실은 깨어 있음이 필요한 또 하나의 이유를 보여준다. "형제들아 너희는 삼가 혹 너희 중에 누가 믿지 아니하는 악한 마음을 품고 살아 계신 하나님에게서 떨어질까 조심할 것이요 오직 오늘이라 일컫는 동안에 매일 피차 권면하여 너희 중에 누구든지 죄의 유혹<u>으로</u> 완고하게 되지 않도록 하라"(히 3:12-13).

5장에서 좀 더 자세히 살펴보겠지만 이 말씀은 서로 깨어 있음을 독려하라고 권고한다. 깨어 있음의 책임은 개인적 차원을 넘어 교회 전체에게 있다. 일단 여기에서는 권고의 목적을 밝히는 것으로 만족하고 싶다. 12절과 13절이 평행구조로 이루어졌다는 것을 발견했다면 권고의 목적이 분명하게 드러날 것이다.

이 구절을 다시 살펴보면서 밑줄을 그은 명령어와 굵은 서체로 쓴 목적절에 유의하라.

**"혹 너희 중에 누가 믿지 아니하는 악한 마음을 품고 살아 계신 하나님에게서 떨어질까** <u>조심할 것이요</u>**"**

"피차 권면하여 너희 중에 누구든지 죄의 유혹으로 완고하게 되지 않도록 하라."

"조심하라"와 "피차 권면하라"는 이중 명령이, 상호적인 깨어 있음의 부정적인 측면과 긍정적인 측면을 나타낸다. 아울러 두 개의 목적절은 죄로 인해 하나님에게서 떨어지는 것, 곧 불신앙의 마음이 죄의 기만으로 완고해지는 것을 가리킨다. 여기에서의 요점은 영적으로 깨어 있지 않으면 마음이 불신앙으로 완고해진다는 것이다. 불신앙은 항상 영혼이 하나님을 떠나게 만든다. 죄가 우리를 속이면, 마음이 완고해지고, 우리의 영혼은 사모하는 하나님으로부터 멀어지기 시작한다. 마음을 점검하지 않고 방치하면 즉시 죄가 침투해 돌처럼 굳어지는 현상이 발생한다.

《천로역정》에서, 주인공 "크리스천"은 어느 날 철장 속에 갇힌 한 남자와 마주쳤다. 크리스천이 그에게 그곳에 갇힌 이유를 묻자 절망에 찬 그는 "깨어 근신하는 것을 중단했기 때문입니다. 나의 정욕이 제멋대로 날뛰도록 놔두었죠. 말씀의 빛과 하나님의 선하심을 거슬러 죄를 지었고,

성령을 근심하시게 했습니다. 그러자 그분이 떠나셨어요. 마귀를 불러들이자 그가 내게 왔고, 하나님을 노하시게 하자 그분이 나를 떠나셨지요. 회개할 수 없을 만큼 마음이 완악해지고 말았습니다."라고 대답했다.[8] 신앙을 저버린 배교 행위, 곧 하나님에게서 떨어져 나간 자들의 두려운 운명을 생생하게 묘사하고 있다.

물론, 거듭난 그리스도인은 궁극적으로 믿음을 저버리지 않는다. 자신의 약속에 신실하신 하나님과 자기 백성을 위해 중보 기도를 드리시는 예수님과 우리의 마음에 내주하시는 성령께서, 성도가 믿음과 거룩함을 잃지 않도록 붙들어주신다. 하지만 거듭난 신자일지라도 죄를 지어 성령을 근심하시게 할 수 있다. 그러나 성경은 "너희 안에서 착한 일을 시작하신 이가 그리스도 예수의 날까지 이루실 줄을 우리는 확신하노라"(빌 1:6)라고 말한다. 하나님은 신자가 믿음을 저버리지 않도록 지키기 위해 성경의 약속과 경

---

**8.** John Bunyan, *The Pilgrim's Progress* (1895; repr., Edinburgh: Banner of Truth Trust, 1977), 31 – 32.

# 배교의 길

번연의 유명한 기독교 우화 《천로역정》은 우리가 실제로 경험하는 갖가지 유혹, 실패, 승리, 패배, 퇴락, 회복 등, 이 세상의 위험과 시련과 올무를 뚫고 나아가는 신자의 여정을 구체적으로 묘사한 경험적 신학의 걸작이다.

　다양한 등장인물들의 대화를 통해 실천적인 기독교 교리를 주의 깊게 논의하고 있는 것이 번연의 소설이 지닌 두드러진 특징이다. 주인공 "크리스천"은 그의 동반자인 "소망씨"와 함께 "반짝열심씨"와 "퇴보씨"의 타락과 배교에 관해 대화를 나누면서 아홉 단계로 구성된 배교의 길을 설명했다.

1. 하나님, 죽음, 내세의 심판을 진지하게 생각하지 않는다.

2. 골방 기도, 음욕의 억제, 깨어 있음, 죄를 애통하는 것과 같은 개인적인 의무들을 등한시한다.

3. 열심히 신앙생활을 하는 신자들과 어울리는 것을 피한다.

4. 말씀 듣기, 성경 읽기, 경건한 모임과 같은 공적인 의무들에 무관심하다.

5. 경건한 신자들의 허점을 찾아내기 시작하고, 그들에게서 찾아낸

약점을 자기의 믿음을 저버리는 구실로 삼는다.

6. 행실이 나쁘고 음란하고 저속한 사람들과 어울리기 시작한다.

7. 저속하고 음란한 대화를 은밀히 나누기를 좋아하고, 정직하다고 생각되는 사람들이 그런 행위를 하는 것을 보면 크게 기뻐하면서 그것을 구실로 삼아 그릇된 일을 대담하게 저지른다.

8. 이런저런 작은 죄들을 노골적으로 저지르기 시작한다.

9. 결국 완악해진 마음이 이끄는 대로 살아가며, 은혜의 기적이 일어나지 않는 한 다시 비참한 상태로 전락해 자기기만에 빠져 영원히 멸망한다.[a]

a. John Bunyan, *The Pilgrim's Progress* (1895; repr., Edinburgh: Banner of Truth Trust, 1977), 177–78.

고를 도움의 수단으로 제공하신다. 깨어 경계하라는 명령
은 그런 수단 가운데 하나다.

오웬은 "마음이 완악해져 죄를 짓고도 죄책감을 느끼지
못해 또 다른 죄를 경계하지 못하는 위험한 상태에 빠지지
않도록 조심하라"고 경고했다.[9] 마음이 완고해지면 그런
문제가 발생한다. 즉 죄에 대해 둔감하고, 무감각해진다.
오웬은 "마음이 부드러우면, 죄를 보면 놀라서 다시 죄를
짓거나 죄의 습관으로 되돌아가지 않도록 조심할 뿐 아니
라 무슨 죄든지 항상 부지런히 주의를 기울여 경계하게 된
다."고 말했다.[10] 깨어 있는 마음이란 부드러운 마음을 의
미한다.[11]

---

**9.** Owen, *A Treatise of the Dominion of Sin and Grace*, in Works, 7:537.

**10.** Owen, *Dominion of Sin and Grace*, in *Works*, 7:537.

**11.** 번연은 이렇게 말했다. "부드러운 마음은 깨어 경계하는 마음이다. 그런 마음
은 영혼의 죄, 가족들의 죄, 소명과 관련된 죄, 영적 의무와 행위와 관련된 죄
를 경계한다. 그런 마음은 또한 사탄과 세상과 육신을 경계한다. 마음이 부드
럽지 않으면 깨어 경계하지 못하고 영적 잠과 나태에 빠져드는 탓에 마음과
가족과 소명이 죄로 인해 크게 부패하고 오염되어 더럽혀진다. 완고한 마음
은 하나님을 떠나 그런 것들에 치우친다." John Bunyan, *The Acceptable
Sacrifice*, in *The Whole Works of John Bunyan*, ed. George Offor
(London: Blackie and Son, Paternoster Row, 1862), 1:712.

마음이 완고해지지 않게 도와주는 가장 중요한 예방책 가운데 하나는 하나님께 대한 경외심이다. 요즘에는 하나님을 경외하라는 말을 충분히 듣기가 어렵지만 성경에서는 그런 말씀이 자주 발견된다. 잠언 28장 14절은 "항상 경외하는 자는 복되거니와 마음을 완악하게 하는 자는 재앙에 빠지리라"라고 말한다. 바울은 "그런즉 사랑하는 자들아 이 약속을 가진 우리는 하나님을 두려워하는 가운데서 거룩함을 온전히 이루어 육과 영의 온갖 더러운 것에서 자신을 깨끗하게 하자"(고후 7:1)라고 말했고, 또 다른 곳에서도 "그러므로 나의 사랑하는 자들아 너희가 나 있을 때뿐 아니라 더욱 지금 나 없을 때에도 항상 복종하여 두렵고 떨림으로 너희 구원을 이루라 너희 안에서 행하시는 이는 하나님이시니 자기의 기쁘신 뜻을 위하여 너희에게 소원을 두고 행하게 하시나니"(빌 2:12-13)라고 말했다. 베드로도 "너희가 나그네로 있을 때를 두려움으로 지내라"(벧전 1:17)고 당부했고, 히브리서 저자도 "경건함과 두려움으로 하나님을 기쁘시게 섬길지니 우리 하나님은 소멸하는 불이심이라"(히 12:28-29)라고 말했다.

이런 성경 말씀들은 신자가 하나님을 경외하는 마음에 의해 동기부여 되어야 한다는 것을 분명하게 보여준다. 그러나 우리의 두려움은 불신자들의 종으로서의 두려움과는 전혀 다르다. 신자의 두려움은 폭군의 노예가 느끼는 굴욕적인 두려움이 아니라, 아버지를 사랑하고 공경하는 마음에서 우러나오는 자녀의 두려움이다. 칼빈은《기독교 강요》에서 이 차이를 분명하게 구별했다. 그는 "불신앙에서 비롯한 두려움은 신자의 두려움과는 전혀 다르다."고 말했다. 악인들도 하나님을 두려워할 수는 있지만 그 두려움은 참된 공경심에서 우러난 것이 아니다. 그와는 대조적으로 하나님의 용서와 은혜를 경험한 신자들은 "징벌이 두려워서가 아니라 하나님을 노엽게 해드릴까 봐 그분을 두려워한다. 그들은 징벌이 자신들의 목 위에 드리워져 있는 것처럼 두려움에 떨지 않는다."[12] 이것이 요한 사도가 "사랑 안에 두려움이 없고 온전한 사랑이 두려움을 내쫓나니 두려움에는 형벌이 있음이라 두려워하는 자는 사랑 안에서 온전

---

**12.** Calvin, *Institutes*, 3.2.27 (573).

히 이루지 못하였느니라"(요일 4:18)라고 말한 이유다. 요한의 말은 베드로와 바울의 말과 모순되지 않는다. 그는 노예적인 두려움, 곧 징벌의 두려움을 묘사했고, 베드로와 바울은 믿음과 결합된 경외심, 곧 하나님께 대한 참된 공경심을 강조했다.

신자의 마음속에 있는 이런 경건한 두려움은 부주의한 태도를 부추기지 않는다. 그것은 신자를 깨어 있게 만든다. 존 번연은《경외함의 진수》에서 이렇게 말했다.

이 경건한 두려움으로부터 깨어 있음이 흘러나온다…이 두려움은 마음이 악한 행위를 저지르지 않도록 부지런히 주의를 기울이게 만든다(잠 4:23; 히 12:15). 이 두려움은 지옥에서 비롯하는 유혹이 마음을 미혹시켜 파멸에 이르게 하지 않도록 깨어 경계하게 만든다(벧전 5:8). 경건한 두려움을 지닌 자들은…혀로 죄를 짓지 않기 위해 자신의 입술을 살피고…자신의 발을 위해 곧은 길을 만들며, 자신의 발길이 닿는 곳과 자신의 행위를 조심한다(시 39:1; 히 12:13). 이처럼 경건한 두려움은 영혼을 깨어 있게 만들어, 안에 있는 마음이나 밖에 있는 마귀나 세상을 비롯해 다른 유혹들이 하나님의 자녀를 사로잡아 그를 불결하게 만들거나 그를 충동해 하나님의 길을 더럽히게 함으로써, 성도들을 거스르고, 사람들의 비난을 초래하고, 원수에게 신앙을 공격할 빌미를 주는 일을 예방한다…이 두려움의 은혜는 하나님의 영광에 관해 다른 어떤 은혜보다 더 부드럽고 민감하다. 영혼을 계속해서 깨어 있게 만드는 것은 바로 이런 부드럽고 민감하고 떨리는 은혜다.[13]

찰스 웨슬리는 자신이 지은 찬송가에서 그런 마음을 갖게 해달라고 기도했다. 이것을 당신의 기도로 삼으라.

죄에 민감해서

죄가 가까이 있을 때는 곧바로 고통을 느낄 수 있는

항상 깨어 있는 거룩한 경외의 법을

제 안에 두시옵소서.

---

**13.** John Bunyan, *A Treatise on the Fear of God*, in *Works*, 1:462–63, 489.

교만이나 그릇된 욕망이 치솟을 때는

그 즉시 감지하게 하시고

흔들리는 의지를 다잡아

타오르는 정욕의 불길을 꺼뜨리게 하옵소서.[14]


## 유혹의 위험

예수님은 제자들이 잠든 것을 보시고 "시험에 들지 않게
깨어 기도하라"(마 26:41)고 말씀하셨다. 아마도 존 오웬보다
예수님의 말씀을 더 주의 깊게 분석한 사람은 없을 것이다.
앞에서 이미 뛰어난 통찰력이 담긴 그의 《*Of Temptation*》
을 언급한 바 있다. 이 책은 유혹의 위험과 깨어 기도하라
는 예수님의 두 가지 명령을 자세히 다루고 있다.

오웬에 따르면, 유혹을 경계하기 위해 세 가지가 필요하
다. 첫 번째는 위험을 감지하는 것이다. 오웬은 이를 "유혹

---

**14.** Charles Wesley, "I Want a Principle Within" (1749), in the public
domain.

에 빠지게 만드는 큰 악을 분명하고 지속적으로 감지하는 것"으로 설명했다.[15] 깨어 있음을 독려하는 그의 첫 번째 충고는 "영혼을 유혹에 빠뜨리는 큰 위험을 항상 염두에 두어야 한다."는 것이다.[16]

문제는 대부분의 사람들이 유혹을 그렇게 위험하지 않다고 생각한다는 것이다. 우리는, 죄는 위험하다고 말하면서도 유혹은 그렇게 생각하지 않는 경향이 있다. 우리는 "모든 사람이 유혹을 받는다. 더욱이 유혹 자체는 죄가 아니다. 예수님도 유혹을 받으셨다."라고 생각할 뿐 아니라 거기에서 한 걸음 더 나아가 "우리는 행위가 아닌 은혜로 구원받는다."라고 주장한다. "삶을 파괴하는 노골적이고, 수치스러운 죄만 짓지 않으면 괜찮다. 우리는 성인이 아니라 평범한 그리스도인일 뿐이다."라는 생각을 품고 있다.

우리가 깨어 있지 못하고 부주의한 이유는 이런 그릇된 생각 때문이다. 그런 생각 때문에 죄에 대한 이해가 왜곡

---

**15.** Owen, *Of Temptation*, in *Works*, 6:123.

**16.** Owen, *Of Temptation*, in *Works*, 6:123.

되고, 은혜의 교리가 곡해된다. 죄가 위험한 이유는 사망을 가져오기 때문이다. 죄는 영혼을 하나님으로부터 분리시킨다. 성경은 "범죄하는 그 영혼은 죽으리라"(겔 18:4)라고 말한다. 물론, 유혹 자체가 죄는 아니다. 그러나 유혹을 피해 도망치지 않으면 결국에는 죄를 지을 수밖에 없다. 이 점을 이해한다면 유혹을 경시할 수 없을 것이다. 우리는 마귀를 대적하고(약 4:7; 벧전 5:9), 죄를 피해 도망쳐야 한다(고전 6:18; 10:14; 딤전 6:11; 딤후 2:22). 번연의 《거룩한 전쟁》에서 맨소울 성을 공격한 디아볼루스에 의한 첫 번째 희생자는 "저항 장군"이었다.[17]

인간의 마음은 여전히 죄의 권세에 사로잡혀 있기 때문에, 죄에 대해 부주의하고 무분별한 태도를 취하면 유혹에 쉽게 넘어갈 수밖에 없다. 죄가 하나님의 권위를 거스르고, 그분의 율법을 어기고, 생명을 없애는 죽음의 종소리라는 사실을 올바로 인식한다면 유혹을 결코 가볍게 다루지 않을 것이다. 깨어 기도하지 않으면 유혹은 곧 죄로 발전한

**17.** Bunyan, *Holy War*, 25.

다. 오웬은 "유혹은 두려워하지 않고, 죄만 두려워하는 척 해서는 안 된다. 그 둘은 너무 단단하게 결합되어 있기 때문에 분리할 수 없다."고 말했다.[18] 그러나 "마음이 부드럽고 깨어 있으면 절반은 끝난 셈이다."라는 오웬의 말대로,[19] 죄가 우리의 영혼에 큰 위험이 된다는 것을 마음속에 늘 잊지 않고 살아간다면 이미 절반의 승리는 확보된 셈이다.

유혹을 경계하는 데 필요한 두 번째 요소는 우리의 무력함을 의식하는 것이다. 우리를 유혹과 죄로부터 지켜주는 힘이 우리 안에 존재하지 않는다는 사실을 결코 잊어서는 안 된다. 성경은 이 사실을 되풀이해서 가르친다. 예수님은 배신당하시던 날 밤에 제자들을 지켜달라고 성부께 기도하셨다(요 17:15). 베드로는 우리가 "구원을 얻기 위하여 믿음으로 말미암아 하나님의 능력으로 보호하심을 받았다"고 말했고(벧전 1:5), 유다는 "하나님의 사랑 안에서 자신을

---

18. Owen, *Of Temptation*, in *Works*, 6:123.

19. Owen, *Of Temptation*, in *Works*, 6:124.

지키라"고 당부했다(유 21절).

오웬은 이렇게 말했다.

> 그리스도께서는 성부께 우리를 지켜달라고 기도하시고, 또
> 우리에게 하나님의 보호하심을 구하라고 가르치신다. 우리를
> 지키는 일은 우리의 힘으로 되지 않는다. 유혹에 빠지는 길은
> 매우 다양하고 은밀하다. 유혹의 수단은 참으로 효과적이고
> 강력하며, 유혹에 빠지는 것은 속임수가 가득하고 매우 미묘
> 하며 그럴듯해 보인다. 우리는 매우 연약하고 부주의하기 때
> 문에 유혹으로부터 자신을 지키거나 보호할 수 없다. 우리의
> 지혜와 힘으로는 이 일을 해낼 수 없다.[20]

우리는 우리 자신의 연약함과 하나님의 은혜로운 사랑
과 우리를 기꺼이 도와주시려는 그분의 마음을 항상 기억
해야 할 필요가 있다. 아버지께서는 우리에게 어려울 때는

---

**20.** Owen, *Of Temptation*, in *Works*, 6:125. I've slightly edited this
quotation by updating archaic words with modern equivalents.

언제든지 은혜의 보좌 앞으로 나아오라고 말씀하신다. 우리처럼 유혹을 당하셨지만 죄를 지은 적이 없는 긍휼이 많으신 우리의 대제사장께서는 우리가 언제든 나아오기만 하면 도움과 기도 응답을 받게 될 것이라는 확신을 주신다. 우리의 무력함을 기억하면 깨어 있는 데 도움이 된다.

깨어 있음에는 또한 하나님의 약속을 믿는 믿음이 포함된다. 이것이 오웬이 제시한 세 번째 요소다. 언약에 충실하신 아버지께서는 우리를 보호하겠다고 약속하셨다. "사람이 감당할 시험 밖에는 너희가 당한 것이 없나니 오직 하나님은 미쁘사 너희가 감당하지 못할 시험 당함을 허락하지 아니하시고 시험 당할 즈음에 또한 피할 길을 내사 너희로 능히 감당하게 하시느니라"(고전 10:13)라는 말씀대로, 그분은 유혹을 당하는 신자들에게 피할 길을 주겠다고 약속하셨다. 이 약속은 확실하고 견고하다.

하나님은 우리가 이 약속을 믿기를 원하신다. 우리는 믿음을 통해 하나님의 능력으로 보호하심을 받는다(벧전 1:5). 우리를 보호하고 구원하겠다는 하나님의 약속을 의지하는 방법은 기도하는 것이다. 예수님이 우리에게 그렇게 가르쳐주셨다. "그러므로 너희는 이렇게 기도하라…우리를 시험에 들게 하지 마시옵고 다만 악에서 구하시옵소서"(마 6:9-13). 오웬은 "유혹을 적게 받으려면 기도를 많이 하라." 고 말했다.[21]

## 우리의 대적, 마귀

유혹의 위험은 유혹자와 밀접하게 연관된다. 그러나 악한 자의 속이는 능력을 과소평가하는 신자들이 많다. 사람들은 악의 위험을 현실 세계보다는 허구 속에서 더 두렵게 느낀다. 그들은 악의적인 외계인, 뱀파이어, 흑기사를 다룬 이야기는 무서워하면서 마귀에 대한 성경의 경고는 우습게 여긴다. 톨킨의 《반지의 제왕》에 나오는 나즈굴이 아무리 무섭다고 해도 우리 영혼의 치명적인 원수는 그보다 훨씬 더 무섭다. 베드로는 "근신하라 깨어라 너희 대적 마귀가 우는 사자 같이 두루 다니며 삼킬 자를 찾나니"(벧전 5:8)

---

**21.** Owen, *Of Temptation*, in *Works*, 6:126.

라고 말했다.

그리스도인들이여, 주목하라. 우리에게는 무자비한 원수가 있다. 그의 유일한 목표는 우리의 믿음을 무너뜨리고, 우리의 영혼 안에 승리의 깃발을 꽂는 것이다. 그는 우리를 삼키고, 소멸하고, 파괴하고 싶어 한다.

바울은 고린도 신자들에게 "우리는 그 계책을 알지 못하는 바가 아니로라"(고후 2:11)라고 말했다. 그렇다면 우리도 그럴까? 당신은 마귀의 속임수, 그의 악의적인 유혹, 그의 교활한 부추김을 알고 있는가? 마귀를 과소평가하지 말라. 리처드 로저스가 말한 대로, 마귀는 처음에는 유혹자로 다가와 우리를 시험하고, 나중에는 고소자로 다가와 우리를 단죄한다.[22] 마귀는 먼저 일시적인 죄의 쾌락으로 우리를 유혹한다. 그리고 유혹이 성공하면 그때는 우리의 허물을 모조리 들춰내 우리의 양심을 사정없이 괴롭히며 우리를 절망으로 몰고 간다.

그는 때로 악하고 불경스러운 생각을 주입시킨다. 번연

---

22. Rogers, *Holy Helps*, 49.

의 《천로역정》을 보면, 크리스천이 "사망의 음침한 골짜기"를 지나가다가 불구덩이 앞에 당도하는 광경이 나온다. 바로 그 순간에 "악한 자 중 하나가 크리스천의 뒤로 살금살금 다가와서는 크리스천이 자신의 생각에서 직접 나온 것으로 착각할 정도로 매우 은밀하게 극악하고 불경스러운 말들을 속삭여 불어넣는다."[23] 언젠가 한 지혜로운 친구에게서 들은 대로, 우리의 원수는 우리 자신의 목소리와 억양을 흉내 내어 우리에게 말한다.[24]

여기에서 말하려는 요점은 수단과 방법을 가리지 않고 우리를 넘어뜨리려고 항상 기회를 엿보는 영적 원수가 존재한다는 것이다.

옛 원수 마귀는 우리를 유혹하려고 한다
모략과 권세가 크고
잔인한 증오로 무장하였으니

---

**23.** Bunyan, *Pilgrim's Progress*, 68.
**24.** 로리 코프(Laurie Kopf)에게 감사한다. 그녀는 이 말을 한 장본인이 네이 베일리(Ney Bailey)라고 한다.

천하에 누가 당하랴.[25]

깨어 있음이 필요한 이유는, 우리가 전쟁 중이고 위험이 매우 크기 때문이다. 이것이 바울이 기도를 당부하면서 깨어 있으라고 첨언한 이유다. 그는 에베소서 6장에서 그리스도인의 전신갑주를 나열하고 나서 "모든 기도와 간구를 하되 항상 성령 안에서 기도하고 이를 위하여 깨어 구하기를 항상 힘쓰며 여러 성도를 위하여 구하라"(18절)고 말했다.

이 말씀은 깨어 있음이 전신갑주를 입는 수단 가운데 하나라는 것을 보여준다. 로저스는 이렇게 말했다. "일평생 기독교를 믿으며 안전하게 처신하도록 우리를 지켜주고 이끌어줄 전신갑주를 항상 갖추고 있으려면, 늘 깨어 마음으로 기도해야 한다(마 26:41). 우리는 이 일을 자주 해야 한다."[26]

---

**25.** Martin Luther, "A Mighty Fortress Is Our God" (1529), trans. Frederick H. Hedge (1852), in the public domain.

**26.** Rogers, *Holy Helps*, 109.

# 구원의 확신

깨어 있음이 필요한 또 하나의 이유는 그것이 구원의 확신을 유지해주는 수단이기 때문이다. 이 말을 오해하지 말기 바란다. 깨어 있음은 우리가 의롭다 함을 얻는 수단이 아니다. 하나님이 우리를 받아주시는 근거는 오직 주 예수 그리스도의 의로운 순종과 희생적인 죽음과 승리의 부활이다. 우리는 오직 그리스도 안에서 믿음으로 말미암아 은혜로 구원받는다. 바울은 이렇게 말했다.

> "예수는 우리의 범죄한 것 때문에 내줌이 되고 또한 우리를 의롭다 하시기 위하여 살아나셨느니라[27] 그러므로 우리가 믿음으로 의롭다 하심을 받았으니 우리 주 예수 그리스도로 말미암아 하나님과 화평을 누리자"(롬 4:25-5:1).

---

**27.** 이 구절에서 "위하여"는 헬라어 "디아"*dia*를 번역한 것이다. 이 용어는 수단이나 목적의 의미를 지니기 때문에 "때문에"로 번역할 수도 있다. 그리스도의 부활이 우리의 칭의를 위한 근거임을 밝히는 것이 바울의 의도인 듯하다.

그러나 의롭다 하심을 받은 신자도 깨어 경계하지 않으면 구원의 확신을 잃을 수 있다. 이것이 베드로가 신자들에게 "더욱 힘써 너희 부르심과 택하심을 굳게 하라"(벧후 1:10)고 당부한 이유다.

깨어 있음이 구원의 확신에 필요한 이유는 거룩함과 믿음을 잃지 않고 인내하고 복종하려면 그것이 반드시 필요하기 때문이다. 이미 앞에서 말한 대로, 깨어 있으라는 명령이 모든 신자에게 주어졌다. 마음이 완고해질 위험성, 죄와 유혹의 덫, 우리의 원수 마귀의 악의적인 위협이 있기에 우리는 항상 깨어 있어야 한다.

만일 신자가 죄를 짓고 그 때문에 구원의 확신을 잃었다면 거룩함과 구원의 확신을 되살리는 수단 가운데 하나인 깨어 있음을 회복해야 한다. 오웬은 용서와 확신을 탁월하게 묘사하고 있는 시편 130편을 강해하면서 의심하고 고민하는 신자에게 이렇게 권고했다.

자신의 상태가 어떤지도 알지 못하고, 하나님에게서 비롯하는 용서에 관심이 있는지 없는지도 모른 채 깊은 곳에 의심을

품고 비틀거리며 불안해하는가? 희망과 두려움이라는 극과
극을 오가며, 평화와 위로와 안정을 갈구하는가? 왜 엎어져
있는 것인가? 일어나라. 깨어 기도하고, 금식하고, 묵상하고,
정욕과 부패한 마음을 가차 없이 죽여 없애라. 그것들이 살려
달라고 비명을 질러대더라도 두려워하지 말고 놀라지 말라…
기도와 간구와 끈질긴 요구로 쉬지 말고 구하라. 이것이 하나
님의 나라를 얻는 길이다. 물론, 이것 자체가 평화나 확신은
아니다. 그러나 하나님은 그것들을 얻는 수단 가운데 하나로
이것을 정해주셨다.[28]

오웬이 영적 훈련들을 모두 한데 모아 나열하고 있는 것
을 발견했는가? 그는 "깨어 기도하고, 금식하고, 묵상하고,
정욕과 부패한 마음을 가차 없이 죽여 없애라."고 말했다.
이 지혜로운 조언을 그리스도와 그분의 약속을 믿는 믿음
으로 자신에게 적용하는 그리스도인은 확실한 도움을 받
게 될 것이다.

---

**28.** Owen, *An Exposition upon Psalm CXXX*, in *Works*, 6:567 –68.

# 서서히 시작되는 영적 쇠퇴

치과에 갔는데 치아에 문제가 있었고, 신경 치료가 필요했다. 어금니 하나를 엑스레이로 찍어보니 이미 신경까지 썩은 상태인지라 단순히 충치를 때우기에는 너무 늦고 말았다. 신경을 치료하든 치아를 제거하든, 둘 중 한 가지 방법밖에는 없었다.

나는 문제를 의식하고 있었기 때문에 그렇게 크게 놀라지는 않았다. 이빨에 음식물이 끼고, 찬물이 닿으면 시리고, 이따금 통증이 느껴지는 등, 여러 가지 증상이 있었다. 사실, 그 문제는 내가 증상을 발견하거나 공식적인 진단 결과가 내려지기 오래전부터 시작된 것이었다. 어금니는 나도 모르는 사이에 서서히 썩어갔던 것이다. 우리의 영적 생활도 마찬가지다.

요한계시록 3장에는 영적 쇠퇴를 경험한 그리스도인들에게 보낸 편지가 기록되어 있다. 요한 사도를 통해 교회의 사자에게 전달된 이 편지는 영화롭게 되신 그리스도께서 사데 교회에 직접 보내신 것이었다. 책망과 권고로 이루어진 그 편지에는 진단 결과와 치료책이 포함되어 있었다.

> "사데 교회의 사자에게 편지하라 하나님의 일곱 영과 일곱
> 별을 가지신 이가 이르시되 내가 네 행위를 아노니 네가 살았
> 다 하는 이름은 가졌으나 죽은 자로다 너는 일깨어 그 남은
> 바 죽게 된 것을 굳건하게 하라 내 하나님 앞에 네 행위의 온
> 전한 것을 찾지 못하였노니 그러므로 네가 어떻게 받았으며
> 어떻게 들었는지 생각하고 지켜 회개하라 만일 일깨지 아니
> 하면 내가 도둑 같이 이르리니 어느 때에 네게 이를는지 네가
> 알지 못하리라"(계 3:1-3).

진단 결과는 영적 쇠퇴였다. "네가 살았다 하는 이름은
가졌으나 죽은 자로다"(1절). 겉으로는 영적 활력이 넘치고,
평판이 좋은 교회였다. 그들은 강하고, 적극적이고, 건강한
것처럼 보였다. 그러나 그들의 종교적인 행위의 이면에서
죽음의 악취가 새어 나왔다. 교회 안에 남아 있던 좋은 것
들이 서서히 사라지고 있었다. 그들의 사역은 하나님 앞에
서 온전하지 못했다(2절). 그들은 부분적인 순종으로 만족

했다. 그들의 영성은 본질 없는 빈껍데기에 지나지 않았다. 그들은 경건의 모양만 갖추었을 뿐, 경건의 능력은 부인했다(딤후 3:5).

2, 3절에 나오는 일련의 명령어에서 그들의 영적 질병을 고칠 치유책이 발견된다. 주님은 "일깨라," "남은 바 죽게 된 것을 굳건하게 하라," "네가 어떻게 받았으며 어떻게 들었는지 생각하라," "지켜 회개하라"고 명령하셨다. 영적 쇠퇴를 치료하는 방법은 회개와 깨어 있음과 온전한 순종이다.

영적 쇠퇴가 위험한 이유는 그것이 배교의 시작이기 때문이다. C. S. 루이스는 영적 쇠퇴를 "갑작스러운 굴곡도, 이정표도, 표지판도 없이 완만한 경사와 부드러운 땅으로 되어있는 길…곧 지옥에 이르는 가장 안전한 길"이라고 묘사했다.[29] 참 그리스도인은 하나님이 은혜로 지켜주시기 때문에 그 길을 따라 지옥에까지 가지는 않지만, 그 앞까지 갔다가 값비싼 대가를 치르고 비참한 상태로 돌아올 수 있다.

---

**29.** C. S. Lewis, *Screwtape Letters*, 72.

영적 쇠퇴의 원인은 무엇일까? 그것은 부주의다. 탄산음료를 많이 마시고, 이를 잘 안 닦고, 치실을 전혀 사용하지 않으면 충치가 생길 수밖에 없다. 그와 마찬가지로 세상의 일에 심취하고, 성경 읽기를 게을리하고, 묵상을 건너뛰고, 기도를 소홀히 하면 결국에는 사데 교회에 보낸 편지를 받게 될 것이다.

영적 쇠퇴를 암시하는 징후는 많다. 그 가운데 두 가지만 말하면, 하나는 겉으로만 하는 형식적 종교이고, 다른 하나는 은밀한 죄를 짓는 것이다. 겉으로만 하는 형식적 종교란 성경을 삶에 적용하지 않고 건성으로 읽는 것, 예수님을 사랑하는 마음 없이 습관적으로 찬송가를 부르는 것, 하나님을 향한 마음 없이 냉랭한 기도를 드리는 것을 의미한다. 그리고 은밀한 죄를 짓는 것은 다른 사람들 앞에서는 아무런 문제가 없는 것처럼 행동하면서 실제로는 양심과 성령과 말씀의 경고를 거역하며 고의적으로 불순종을 고집하는 것을 가리킨다.

영적 쇠퇴의 치유책은 죄를 회개하고, 그리스도를 믿는 믿음을 새롭게 회복하는 것이다. 그리고 영적 쇠퇴의 방지책은 깨어 있음을 실천하는 것이다. 오웬은 "영적 쇠퇴와 심령의 메마름은 대부분 헛된 것들을 지나치게 많이 생각하는 것 때문에 생겨난다."고 말했다. 이것이 "은혜의 역사"를 약화시킨다.

> 마음에 그리스도와 그분의 영광에 관한 생각이 가득해 영혼 안에서 그분을 사모하는 강렬한 애정이 일어나면, 영적 연약함과 무기력함을 일으키는 것들을 용납하지 않고 단호하게 몰아낼 수 있다…이 의무를 열심히 이행하면 모든 은혜가 제 기능을 발휘하게 된다…영혼이 그러한 상태에 놓여 있으면, 영혼은 늘 깨어 경계하게 되고 죄의 속임수, 유혹의 손길, 갑작스러운 상황에 직면했을 때 헛된 상상으로 인해 어리석은 마음을 갖게 되는 것과 같은 영적 쇠퇴의 원인들과 끊임없이 싸우게 된다.[30]

---

**30.** Owen, *Meditations and Discourses on the Glory of Christ Applied unto Unconverted Sinners and Saints Under Spiritual Decays*, in Works, 1:460 – 61.

여기에서 깨어 있음의 그리스도 중심적인 특성을 다시금 확인할 수 있다. 마음에 "그리스도와 그분의 영광에 관한 생각"을 가득 채우면 영적 연약함을 일으키는 요인들을 물리칠 수 있다. 예수님을 사모하는 "강렬한 애정"이 있어야만 영적 쇠퇴를 부추기는 것들을 경계할 수 있다. 이런 사실은 깨어 있음의 가장 중요한 동기와 자연스레 연결된다.

## 그리스도와의 감미로운 교제

지금까지 깨어 있음이 필요한 이유를 많이 살펴보았다. 깨어 있음이 필요한 이유는 우리가 수많은 위험에 둘러싸여 공격을 당하고 있기 때문이다. 그러나 깨어 있음의 가장 중요한 동기는 긍정적인 것, 곧 주 예수 그리스도와의 교제를 유지하는 것이다.

깨어 있음의 핵심은 주님과 친밀한 관계를 맺는 것이다. 플라벨은 "마음이 하나님에게서 멀어지지 않게 하려면 그분과 교통하는 달콤함과 활력을 잃지 않도록 주의해야 한다."라고 경고하면서 이렇게 덧붙였다. "마음은 늘 들떠 있으며, 허기를 느낀다. 그것은 무엇인가 채울 것을 원한다. 하나님에게서 아무것도 얻지 못하면 피조물 가운데서 채울 것을 찾는다. 그러다가 자신의 목적은 물론, 자기 자신까지 잃어버릴 때가 많다. 마음이 항상 침착하게 하나님과 교제를 나누려면 그 교제의 달콤함을 맛보아 알아야 한다."[31]

오웬은 《성도와 하나님과의 교제》에서 성자와의 교제를 논의하면서 이 문제를 다루었다. 그는 우리의 신랑이신 그리스도와의 관계에 특별히 어울리는 감정이 존재한다고 주장했다. 그런 감정 가운데 하나는 기쁨이다.[32] 오웬은 아가서에 나오는 신부의 경험을 본보기로 삼아 이 기쁨이 여러 가지 형태로 표현된다고 말했다. 첫째, 신자는 "전에 누렸던 신랑과의 교제와 사귐을 유지하는 데 모든 관심을 집

---

**31.** Flavel, *Saint Indeed*, in *Works*, 5:506.

**32.** "성도는 그리스도 안에서 기뻐한다. 그분은 성도들의 기쁨, 면류관, 즐거움, 생명, 음식, 건강, 힘, 의, 구원, 복이 되신다. 그분이 없으면 그들은 아무것도 가질 수 없다. 그분 안에서 성도들은 모든 것을 발견한다." Owen, *Of Communion with God the Father, Son, and Holy Ghost*, in *Works*, 2:124.

중함으로써" 그리스도에 대한 기쁨을 표현한다.[33] 신자는 아가서의 정결한 신부처럼 신랑과의 교제를 다른 무엇보다도 더 소중하게 여겨야 한다. 오웬은 "신부가 바라는 것은 신랑과 멀어지게 만드는 것, 곧 그리스도를 자기에게서 떠나시게 만들 수 있는 죄나 도발적인 행위를 저지르지 않는 것이다."라고 말했다.[34] 이것이 신자가 행해야 할 깨어 있음의 목표다. "신자의 영혼이 그리스도와 달콤하고 참된 교제를 나누게 되면, 사랑하는 주님이요 구원자이신 그분을 즐거워하는 일이 방해를 받지 않도록 자신의 주변을 주의 깊게 살펴, 모든 유혹과 그로 인해 발생할 수 있는 모든 죄를 경계하게 된다. 다시 말해, 이미 맛본 교제를 방해하는 일이라면 무엇이든 삼가려고 노력하고, 그 일을 위한 일이라면 무엇이든 게을리하지 않게 된다."[35] 이처럼 깨어 있음은 단지 유혹과 죄를 피하는 데 그치지 않고, 영혼이 그

---

**33.** Owen, *Of Communion*, in *Works*, 2:125.

**34.** Owen, *Of Communion*, in *Works*, 2:126.

**35.** Owen, *Of Communion*, in *Works*, 2:126.

리스도를 즐거워하는 일을 방해하거나 저지하는 일을 주의 깊게 경계한다.

솔직히 고백하건대, 나의 깨어 있음에는 이 요소가 빠져 있을 때가 많다. 나는 그리스도를 즐거워하기보다 죄를 짓지 않고 깨끗하게 사는 것에만 주의하는 경향이 있다. 그러나 그것은 진정한 깨어 있음이 아니다. 사실 그리스도와의 교제를 즐거워하는 것에 무관심하다는 것은, 이미 마음이 헛되이 방황하고 있다는 증거다. 오웬도 "겉으로만 그리스도를 즐기는 척하고 실제로는 거기에 무관심한 것은 마음이 거짓되다는 명백한 증거다."라고 말했다.[36]

둘째, 신자는 "신랑과 더욱 친밀하게 지내려는 마음으로 그가 없는 동안에도 끝까지 힘써 인내함으로써" 그리스도에 대한 기쁨을 표현한다.[37] 오웬은 아가서 8장 6절에서 발견되는 신부의 외침에서 이런 깨달음을 얻었다. 그녀는 "너는 나를 도장 같이 마음에 품고 도장 같이 팔에 두라

---

36. Owen, *Of Communion*, in *Works*, 2:126.

37. Owen, *Of Communion*, in *Works*, 2:126.

사랑은 죽음 같이 강하고 질투는 스올 같이 잔인하며 불길 같이 일어나니 그 기세가 여호와의 불과 같으니라"라고 말했다. 이 말씀은 신부의 사랑이 얼마나 강렬한지를 잘 보여 준다. 이 사랑은 그리스도의 임재를 느끼지 않으면 결코 채워질 수 없다. 어떤 학자들은 오웬의 아가서 해석을 불만스럽게 생각할지 모르지만 그가 묘사한 예수 그리스도에 대한 신자의 뜨거운 사랑은 사실이다. "당신과 항상 교제와 사귐을 나누지 않으면 당신에 대한 나의 사랑을 주체할 수가 없어요. 그것이 없으면 나의 사랑은 채워지지 않아요… 죽음은 희생물이 있어야만 만족하죠. 그리고 그 전부를 갖지 않으면 아무것도 갖지 못한 것이나 마찬가지이죠…나의 사랑도 마찬가지라서 나도 당신을 온전히 소유하지 않으면 아무것도 가진 것이 아니에요."[38]

그렇다면 신자가 그리스도를 즐거워하는 마음을 잃었을 때는 어떻게 해야 할까? 어떻게 그리스도를 즐거워하는 마음을 다시 회복할 수 있을까? 오웬은 "신랑을 잃은 것과 그

---

**38.** Owen, *Of Communion*, in *Works*, 2:127 – 28.

가 떠나간 것을 고통스럽고 당혹스럽게 여기며 그를 갈망함으로써" 그렇게 할 수 있다고 대답했다.[39] 이것이 그리스도와의 교제를 갈망하는 것이 깨어 있음의 참된 동기라는 것을 보여주는 세 번째 이유다. 그리스도의 부재는 영혼을 고통스럽고 당혹스럽게 만든다.

이런 오웬의 통찰력도 아가서에 등장하는 신부의 말에서 영감을 얻은 것이다. 그녀는 아가서 3장 1-3절에서 이렇게 말했다.

"내가 밤에 침상에서 마음으로 사랑하는 자를 찾았노라 찾아도 찾아내지 못하였노라 이에 내가 일어나서 성 안을 돌아다니며 마음에 사랑하는 자를 거리에서나 큰 길에서나 찾으리라 하고 찾으나 만나지 못하였노라 성 안을 순찰하는 자들을 만나서 묻기를 내 마음으로 사랑하는 자를 너희가 보았느냐 하고."

---

**39.** Owen, *Of Communion*, in *Works*, 2:128.

오웬은 위의 말씀을 인용하고 나서 간결하면서도 기억에 길이 남을 만한 설명을 덧붙였다. 즉, 그는 "영혼의 밤, 곧 어둠과 고통과 괴로움의 때가 찾아왔다. 그리스도께서 보이지 않으실 때마다 신자에게는 밤이 찾아온다."라고 말했다.[40] 신자들이여, 이 말을 흘려듣지 말라. 지금 그리스도와 교제를 나누고 있는가? 그분의 미소가 느껴지는가 아니면 어두운 그림자가 당신의 영혼 위에 드리워져 있는가?

그리스도의 부재로 인해 신자의 영혼에 어둠이 임했을 때는 어떻게 해야 할까? 그런 상황에서는 두 가지가 필요하다. "그리스도를 구하는 것은…두 가지로 이루어진다. 하나는 우리의 영혼을 살펴 그리스도의 부재의 원인을 찾는 것이고, 다른 하나는 그분의 임재에 관한 약속을 붙잡는 것이다."[41]

그리스도의 부재의 원인을 찾으려면 자기점검이 필요하다. 3장에서 살펴보겠지만 이것은 깨어 있음의 중요한 한

---

**40.** Owen, *Of Communion*, in *Works*, 2:128. Emphasis added.

**41.** Owen, *Of Communion*, in *Works*, 2:129.

측면이다. 그러나 오웬은 자기점검이 관계적 차원에서 이루어져야 한다는 점을 조심스럽게 지적했다. 우리는 종종 자기점검의 의미를, 초등학생이 규칙을 어긴 것을 인정하고 교실로 다시 돌아가라는 허락이 떨어질 때까지 벌을 받는 것처럼 생각하는 경향이 있다. 그러나 우리가 그리스도께 지은 죄는 단순히 규칙을 어긴 것이 아니라 영적 간음에 해당한다. 이것이 오웬이 "내가 어디에서 다른 연인들을 좇아 방황하였나?"라는 질문을 제기한 이유다.[42]

자기점검에는 반드시 기대에 찬 믿음이 수반되어야 한다. 그리스도의 부재의 원인만을 찾는 데 그치지 말고, 그분의 임재에 대한 약속을 의지해야 한다. 약속을 붙잡아야만 그리스도께서 "자신의 복음으로 우리에게 옷을 입혀주실 때"[43] 그분을 받아들일 수 있다. 우리도 신랑을 발견하자 그를 "붙잡고 놓지 않았던"(아 3:4) 아가서의 신부처럼 그리스도를 붙잡아야 한다.

---

**42.** Owen, *Of Communion*, in *Works*, 2:130.
**43.** 이 절묘한 어구는 Calvin's *Institutes*, 3.2.6 (548)에서 인용한 것임.

## 점검과 적용

1. 잠언 4장 23절을 읽으라. 마음이 영적 생활에 있어 그토록 중요한 위치를 차지하는 이유는 무엇인가?

2. 이번 장에서는 영적 생활을 위협하는 요인들, 곧 깨어 있음의 긴급성과 필요성을 일깨우는 요인들을 살펴보았다. 그런 요인들에는 어떤 것들이 있고, 또 그것들의 위험을 생각하면 어떤 생각이 드는가? 이번 장을 읽고 나니 당신이 위험에 노출되어 있다는 것이 더욱 생생하게 느껴지는가?

3. 우리에게는 무자비한 원수가 있다. 그의 유일한 목표는 우리의 믿음을 무너뜨리고, 우리 영혼 안에 승리의 깃발을 꽂는 것이다. 그는 우리를 삼키고, 소멸하고, 파괴하기를 원한다. 이런 사실을 알고 나서, 어떤 방식으로 더욱 깨어 경계하게 되었는가? 사탄이 당신을 유혹할 때, 어떤 방법을 가장 흔히 사용하는가? 이 점에 대해 좀 더 깊이 생각하려면 토머스 브룩스의 《Precious Remedies against Satan's Devices》를 읽어보라.

4. 구원의 확신이 없어 늘 고민하는가? 깨어 있음을 소홀히 한

것이 의심을 부추겼다고 생각되는가?

5. 그동안 신앙생활을 해오면서 가장 기쁘고, 평화롭고, 열매가 가득했던 때를 생각해보라. 그런 시기에는 어떤 믿음과 감정과 습관이 있었는가? 그 후로 무엇이 변했는가?

6. 그리스도와 교제를 나누는 시간을 가지라. 오웬의 조언에 따라 그분의 부재의 원인을 찾아보고, 그분의 임재에 관한 약속을 붙잡으라. 주님에게서 멀어진 느낌이 들거든 가까이 오셔서 관계를 회복해달라고 기도하라.

# 3장
# 어떻게 : 깨어 있음의 습관을 기르는 법

"어떤 유혹이 다가오든 그것에 대항할 힘을 비축해두라. 이것
도 깨어 마음을 살피는 일에 속한다…복음의 양식을 잘 비축
해두면 그렇게 할 수 있다. 다시 말해, 그리스도 안에 나타난
하나님의 사랑으로 마음을 가득 채워야 한다. 이것이 세상에
서 유혹의 힘에 맞설 수 있는 가장 큰 방어책이다."

-존 오웬의 《*Of Temptation*》에서

유혹의 위험이 크다는 것이 확실하기 때문에 이제는 실천
방법을 생각해봐야 할 때가 되었다. 우리의 앞에 긴 여정이
남아 있다는 것을 아는 것과 그 길을 가기 위한 준비를 갖

추는 것은 전혀 별개의 문제다. 마라톤을 뛰겠다는 것은 좋고 유익한 결정이다. 그러나 훈련하지 않으면 얼마 가지 못해 다리에 힘이 풀려 바닥에 드러눕고 말 것이다. 해병대에 지원하는 것과 실제 전투를 위해 준비하는 것은 엄청난 차이가 있다. 이것이 신병 훈련소가 필요한 이유다.

깨어 있음도 마찬가지다. 깨어 있음이 무엇이고, 왜 필요한지를 아는 것만으로는 충분하지 않다. 그것을 실천하는 방법을 알고, 훈련을 받아야 한다. 그렇다면 이 영적 훈련은 어떻게 이루어지는 것일까?

이 물음에 대한 대답은 앞에서도 이미 암시한 바 있지만 개혁파와 청교도 선조들로부터 배워야 할 것이 아직도 많이 남아 있다. 그 내용이 매우 풍부하고 실천적이기 때문에 이번 장은 이 책에서 가장 긴 장이 될 것이다. 더욱이 나는 이번 장에 오웬과 번연과 맥체인을 비롯한 여러 사람의 글을 많이 인용할 생각이다. 내가 이런 지혜의 산물을 여기에 실은 이유는 그동안 그것이 내게 유익했기 때문이다. 또한 당신들에게도 유익할 것이라고 믿는다.

이제부터 깨어 있음의 영적 습관을 기르는 아홉 가지 방법을 살펴볼 생각이다. 아래의 내용을 읽을 때는 읽는 것을 잠시 중단하고, 자주 기도하며, 자신의 마음을 살피고, 유익하다고 생각되는 내용을 글로 적어보기 바란다. 모두가 이번 장을 통해 용기를 얻고, 새로운 각오를 다지고, 영적 준비를 잘 갖출 수 있기를 바란다.

## 자신의 마음 상태를 정확하게 파악하라

칼빈은 "우리가 소유한 지혜는 거의 모두 하나님에 관한 지식과 우리 자신에 관한 지식이라는 두 부분으로 이루어져 있다…우리 자신에게 불만족을 느끼지 못하면 하나님을 진지하게 갈망할 수 없다."라고 말했다.[1] 이 두 가지 지식은 복음의 역사를 통해 증대된다. 하나님의 거룩하심을 깊이 의식할수록 우리는 자신의 죄성을 더 예리하게 인지한다. 그리고 우리의 연약함을 더 많이 깨달을수록 우리는 하나님의 은혜의 능력을 더 많이 의지하게 된다.

---

1. Calvin, *Institutes*, 1.1.i (35, 37).

이런 현상은 처음 회심할 때 가장 뚜렷하게 일어난다. 구원의 필요성과 그리스도의 충족한 구원 능력을 깨닫지 못하면 그 누구도 그리스도인이 될 수 없다. 치료보다 진단이 먼저다. 그리스도를 알고자 하는 "진지한 열망"이 생겨나려면 먼저 "우리 자신에게 불만족을 느껴야 한다." 우리의 죄를 깨달아야만 구원자를 찾을 것이다.

영적 성장은 그런 식으로 이루어진다. 이것은 특히 깨어 있음의 습관을 기르는 일에도 똑같이 적용된다. 이미 살펴본 대로, 깨어 있음은 도덕적이고 영적인 경계, 곧 깨어 있는 태도로 세상과 육신과 마귀라는 영적 원수들의 속임수와 위험에 주의하는 것을 의미한다. 우리의 원수들은 단지 외부(세상과 마귀)에만 있는 것이 아니라 우리의 내면(육신)에까지 침투해 있기 때문에 우리 자신에게 주의를 기울여야 마땅하다.

오웬은 유혹을 경계하기 위한 깨어 있음의 행위에 관해 이렇게 조언했다. "유혹에 빠지지 않으려면 자신의 마음과 정신 상태는 물론, 선천적 기질과 성격, 음욕, 부패함, 타고난 그릇된 성향이나 영적 연약함 따위를 잘 파악해야 한다.

자신의 연약함이 무엇인지 알아야만 죄를 지을 수 있는 모든 상황을 조심스레 멀리할 수 있다."[2] 깨어 있음의 첫 번째 실천 방법은 "자신의 행위를 살피는 것"이다(학 1:5, 7 참조). 이것은 곧 정기적인 자기점검의 훈련이다.

오웬은 이것을 다시 두 가지 범주로 나누었다. 첫째, 우리의 "선천적 기질과 성격"이[3] 우리를 어떤 식으로 죄와 유혹에 취약하게 만드는지를 갈수록 더욱 분명하게 의식해야 한다. 느긋하고, 태평스럽고, 차분한 성격의 소유자가 느끼는 유혹과 성급하고, 경쟁적인 성격의 소유자가 느끼는 유혹은 서로 다르다. 과감하고, 자신에 찬 기질을 소유한 베드로는 주제넘은 행위를 저지르게 만드는 유혹에 취약했고, 냉소적인 기질을 소유한 도마는 의심과 불신앙의 유혹에 취약했다. 우울한 성격을 소유한 엘리야와 요나 선지자는 절망과 낙심에 빠지기 쉬웠고, 이스라엘을 다스렸던 용맹한 전사였던 삼손과 열정적인 시인이자 강력한 왕

**2.** Owen, *Of Temptation*, in *Works*, 6:131.

**3.** Owen, *Of Temptation*, in *Works*, 6:131.

이었던 다윗은 정욕의 유혹에 이끌리기 쉬웠다.

타고난 기질에 따라 저지르기 쉬운 죄가 제각각 다르다. 당신은 자기 자신을 잘 알고 있는가? 오웬은 "이것을 철저히 살피지 못하고, 자기 자신을 정확하게 알지 못하면 일평생 이런저런 유혹에서 벗어나기 어렵다."고 경고했다.[4]

우리는 또한, 우리의 마음속에 깊이 뿌리를 박고 있는 "특별한 음욕이나 부패한 성향"을[5] 주의 깊게 살펴야 한다. 아이작 암브로스는 이를 "들릴라의 죄"로 일컬었다. 들릴라의 죄는 삼손이 사랑했던 블레셋 여인처럼 우리의 무릎에 올라앉아서 달콤한 말을 속삭이지만 필요할 때는 즉시 우리를 원수에게 팔아넘기고, 우리의 도덕적 힘을 앗아가 버린다. 리처드 로저스는 "우리를 가장 많이 괴롭히는 잘못된 버릇을 특별히 경계해야 한다."고 말했다.[6] 이것은 고집스럽고 습관적인 행위를 통해 고착된 특별한 유형의

---

**4.** Owen, *Of Temptation*, in *Works*, 6:132.

**5.** Owen, *Of Temptation*, in *Works*, 6:132.

**6.** Rogers, *Holy Helps*, 55.

## 들릴라의 죄

아이작 암브로스는 《*The First, Middle, and Last Thing*》에서 우리의 죄(원죄, 자범죄, 특별한 죄)와 마음과 혀와 행위를 깨어 경계하는 일에 대해 상세한 지침을 제시했다. 특별한 죄, 즉 "우리를 매혹시키는 들릴라의 죄"에 관한 그의 지침은 매우 유익하다. 그는 일곱 가지 규칙을 제시했다.

1. 우리 모두의 영혼 안에는 가장 지배적인 죄가 있기 마련이다. 이 죄를 죽이려고 노력하라. 모든 죄와 영원히 결별하는 것이 그리스도인의 주된 임무다. 따라서 영적 힘을 기르고 하늘의 도움을 받으려면, 죄의 근거지, 곧 품 안의 죄를 두들겨 부숴야 한다.

2. 가장 깊은 탄식과 가장 강력한 부르짖음으로 이 지배적인 죄를 죽일 수 있는 은혜를 구하라. 특히 매일 아침과 저녁으로 그 죄를 능히 제압할 수 있게 도와달라고 하나님께 기도하라.

3. 그 죄를 저지를 기회나 상황이나 그와 관련된 행위를 신중하게 경계하라.

4. 그 죄가 조금이라도 모습을 드러내려고 할 때마다 절대로 이끌리지 말고, 도리어 거룩한 행위를 추구하라.

5. 내세를 위해 그 죄를 억제하는 습관을 기르는 것을 마음의 목표로 삼으라. 그 목표를 이루려면 하루나 한 달 동안 단기적인 계획을 세워 그 죄를 억제하고, 정한 시간이 되면 "내가 나의 계획을 얼마나 잘 이행했는가? 내가 언제, 어디에서 실패했는가?"라고 물으라. 그리고 나서는 다시 새로운 계획을 세워 또다시 그 죄를 피하려고 노력하라. 완전한 승리를 거둘 때까지 종종 그렇게 하라.

6. 만일 하루나 한 달 후에 결과를 평가할 때, 계획한 것을 잘 실행하지 못한 것이 발견되거든 거룩한 각오를 새롭게 다져 이전의 잘못을 고치고, 자신의 결함에 대한 용서를 구하며, 음식과 편안함과 오락을 삼가는 금욕을 통해 스스로의 나태함이나 완악함을 징벌하라(고전 9:27)…사도는 이런 거룩한 각오를 진지한 회개에 합당한 열매로 간주했다(고후 7:9).

7. 무엇보다도 그리스도의 보혈을 통한 용서의 약속을 믿는 믿음이 없으면 다른 모든 것이 허사가 된다. 그런 죄로부터 마음을 깨끗하게 정화하려면 약속을 믿는 믿음이 있어야 한다.[a]

---

a. Isaac Ambrose, Prima, Media, et Ultima, *Or, The First, Middle, and Last Things* (Glasgow: James Knox, 1804), 122–24.

죄를 가리킨다. 그런 죄는 진흙 길에 깊이 새겨진 바퀴 자국처럼 일상생활, 자기 합리화, 그리고 끊임없는 반복을 통해 우리의 삶 속에 깊이 각인된다.

변화하려면 그리스도를 통해 얻은 하나님의 은혜, 곧 성령을 통해 우리에게 주어져 "경건하지 않은 것과 세상의 정욕을 다 버리고 신중함과 의로움과 경건함으로 이 세상에 살도록"(딛 2:12) 가르치는 은혜를 따라 영적 훈련에 힘써야 한다. 처음에 회심하고 난 후에도 지속적인 깨어 있음이 필요하다. 오웬은 이렇게 말했다. "자신의 성향과 기질을 알려고 노력하라. 당신의 마음속에 사탄을 돕는 요인이 있는지, 어디에서 부패한 속성이 강하고 은혜가 약한지, 정욕이 타고난 성품의 어느 곳에 요새를 구축하고 있는지를 알아야 한다…자기 자신의 마음을 정확히 파악하라. 아무리 깊어도 끝까지 찾고, 아무리 어두워도 샅샅이 훑고, 그 그릇됨이 다른 것으로 위장해서 속이더라도 절대로 속지 말라."[7] 그러한 노력을 기울이려면 가장 정직한 태도로 우리

---

**7.** Owen, *Of Temptation*, in *Works*, 6:132.

의 삶을 면밀하게 조사해야 한다. 선한 청지기라면 누구나 그런 훈련을 쌓아야만 자기에게 위탁된 일을 지혜롭게 수행할 수 있다는 것을 인정할 것이 틀림없다. 우리도 그런 태도를 지녀야 한다. 우리 자신을 정확하게 알아야만 우리의 약점을 경계할 수 있다. 이것은 깨어 있음의 습관을 기르는 두 번째 방법과 자연스레 연결된다.

## 영혼의 문을 지켜라

깨어 경계하려면 마음을 지켜야 하고, 마음을 지키려면 마음의 문을 항상 보호해야 한다. 번연은 마음의 문을 맨소울 성에 있는 다섯 개의 문(귀문, 눈문, 입문, 코문, 감각문)에 빗대었다.[8]

이와 비슷하게 마음을 지키라는 솔로몬의 권고도 우리의 귀와 눈과 입과 발을 지키는 것으로 이루어진다(잠 4:23). 굵은 서체로 표기된 부분이 번연이 묘사한 성문과 어떻게

---

8. Bunyan, *Holy War*, 21.

일치하는지 살펴보라.

"내 아들아 내 말에 주의하여 내가 말하는 것에 네 **귀**를 기울이라 그것을 네 **눈**에서 떠나게 하지 말며 네 마음 속에 지키라 그것은 얻는 자에게 생명이 되며 그의 온 육체의 건강이 됨이니라 모든 지킬 만한 것 중에 더욱 네 마음을 지키라 생명의 근원이 이에서 남이니라 구부러진 말을 네 **입**에서 버리며 비뚤어진 말을 네 **입술**에서 멀리 하라 네 **눈**은 바로 보며 네 **눈꺼풀**은 에 앞을 곧게 살펴 네 **발**이 행할 길을 평탄하게 하며 네 모든 길을 든든히 하라 좌로나 우로나 치우치지 말고 네 **발**을 악에서 떠나게 하라"(잠 4:20-27).

마음을 지키는 것과 우리의 귀와 눈과 입과 발을 지키는 것은 서로를 보완한다. 외적 행위가 내적 삶에 영향을 미치고, 내적 삶이 외적 행위에 영향을 미친다. 마음을 지키는 일을 소홀히 하면 곧 외적인 죄를 짓게 되고, 마음의 문을 지키지 못하면 죄가 곧 그리로 침투한다. 암브로스는 "눈을 지켜야 한다. 그러나 그것이 전부가 아니다. 더러운 말

이나 부패한 말이나 음란한 대화나 불경스러운 노래에 귀
기울이지 않도록 주의해야 한다."고 말했다.[9] 우리의 행위
를 주의 깊게 살피지 않으면 경계하지 않은 문을 통해 유
혹이 마음속으로 침투한다. 우리가 검색하는 웹사이트, 우
리가 읽는 책들, 우리가 보는 영화나 TV 프로그램, 우리가
자주 찾는 장소, 우리가 듣는 음악과 메시지를 주의 깊게
살피지 않으면 마음을 지킬 수 없다.

깨어 있음의 훈련은 보안 시스템과 같다. 효과적인 보안
시스템에는 감시 카메라, 동작 감지기, 탐조등, 전기 잠금
장치, 경보 장치와 같은 다양한 요소가 포함된다. 이 모든
요소는 한 가지 목적, 곧 위험한 침입자들로부터 집을 보호
하는 것을 지향한다. 그와 마찬가지로 깨어 있음에도 자기
점검, 기도, 묵상, 책임성accountability과 같은 다양한 실천 행위
가 포함되지만 모두 마음을 지킨다는 한 가지 목적을 지향

---

**9.** Isaac Ambrose, *The Christian Warrior* (London: R. B. Seely and W. Burnside, 1837), 99‒100. In another treatise Ambrose writes, "That we may watch over our hearts, observe we these directions…. Guard we the windows of our souls, the senses." *Prima, Media, et Ultima*, 124.

한다.

요즘처럼 이 문들을 지키는 것이 더 중요한 때는 일찍이 없었다. 우리는 미디어에 잠식된 문화 속에 살고 있다. 오늘날의 세상은 미디어(시각물, 소리, 이미지, 아이디어)로 우리의 감각과 영혼을 쉴 새 없이 공격한다. 물론 그런 모든 미디어가 다 죄에 해당하는 것은 아니다. 하나님의 일반 은혜 덕분에 인간은 종종 진선미의 가치를 지닌 예술을 창안한다. 그러나 주의해야 한다. 디지털 세계의 곳곳에 악의적인 파괴 요인들이 잠복해 있다. 주의하지 않으면 '페이스북'도 허영심과 시기심을 부추길 수 있고, '넷플릭스'도 천박하고 육욕적인 것으로 우리를 공격할 수 있으며, '스포티파이'도 끝없는 재생 목록으로 우리를 깨어 있지 못하게 만들 수 있다.

우리도 욥처럼 정욕으로부터 마음을 지키겠다고 우리의 눈과 약속해야 하고(욥 31:1), 시편 저자처럼 "내 눈을 돌이켜 허탄한 것을 보지 말게 하시고 주의 길에서 나를 살아나게 하소서"(시 119:37), "여호와여 내 입에 파수꾼을 세우시고 내 입술의 문을 지키소서"(시 141:3)라고 기도해야 한다. 요한 사도는 "이 세상이나 세상에 있는 것들을 사랑하지 말라 누구든지 세상을 사랑하면 아버지의 사랑이 그 안에 있지 아니하니 이는 세상에 있는 모든 것이 육신의 정욕과 안목의 정욕과 이생의 자랑이니 다 아버지께로부터 온 것이 아니요 세상으로부터 온 것이라"(요일 2:15-16)라고 경고했다. 예수님도 "그러므로 너희가 어떻게 들을까 스스로 삼가라"(눅 8:18)라고 가르치셨다. 마음을 살피는 유일한 방법은 영혼의 문들을 지키는 것이다.

## 죄에게 기회를 주지 말라

"오직 주 예수 그리스도로 옷 입고 정욕을 위하여 육신의 일을 도모하지 말라"(롬 13:14). 이미 말한 대로 깨어 있음은 깨어 경계하는 것을 의미한다. 바울 사도는 구원의 날이 가까웠음을 알고 신자들에게 어둠의 일을 벗고 빛의 갑옷을 입으라고 권고했다(롬 13:12). 빛 가운데서 행하려면 모든 죄를 멀리해야 한다(롬 13:13). 죄에게 기회조차 주어서는 안 된다. 이것이 "육신의 일을 도모하지 말라"는 말의 의미다.

자신의 마음의 상태를 파악했다면, "타고난 기질이 휘말려 들게 하는 것에 주의하고 부패한 성향을 부추기는 기회, 상황, 직업 활동, 사교 생활, 사업 활동, 은퇴 생활 등 모든 것을 깨어 경계해야 한다."[10]

한 지혜로운 아버지는 아들에게 이렇게 가르쳤다.

> "사악한 자의 길에 들어가지 말며 악인의 길로 다니지 말지어다 그의 길을 피하고 지나가지 말며 돌이켜 떠나갈지어다"(잠 4:14-15).

오늘날의 그리스도인들에게 이 말씀을 구체적으로 적용하면 다음과 같다. 앞에서 기술 문명의 위험성을 언급한 바 있다. 당신은 기술 문명을 이용해 육신의 일을 도모하는가 아니면 죄가 틈탈 기회를 주지 않으려고 노력하는가? 예를 들어, 음란물을 보고 싶은 유혹을 느끼는가? 컴퓨터 사용에 주의하고, 스마트폰으로 인터넷 자료를 검색할 때 조심

---

**10.** Owen, *Of Temptation*, in *Works*, 6:133.

하라. 책임성 있는 삶을 살게 도와줄 조력자, 곧 유혹을 느낄 때 함께 기도해주고, 넘어졌을 때 복음으로 붙들어주고, 죄악된 성적 욕망을 극복할 수 있게 이끌어줄 사람과 인간관계를 형성하라. 다른 사람들과 자신을 비교함으로써 불행과 불만족을 느끼는 경향이 있는가? 그런 경우라면 소셜 미디어를 삼가는 것이 좋다. 깨어 경계한다는 것은 어떤 유혹이 다가오든 죄가 틈탈 기회를 주지 않는 것을 의미한다. 오웬은 "여기에는 우리의 삶을 올바로 이끌어 가도록 도와줄 지혜가 가득 담겨 있다. 우리가 이끌리기 쉬운 유혹을 받으면 우리의 마음을 통제하기가 매우 어렵다. 따라서 우리는 불을 피우는 사람이 자기가 사는 집에서 불에 타기 쉬운 것들을 멀리 치워놓는 것처럼 유혹을 멀리해야 한다."고 설명했다.[11] 휘발유 통을 불길에서 멀리 치워놓는 것처럼 죄가 틈탈 기회를 주지 않도록 마음을 잘 단속해야 한다.

이 가르침에는 또한 유혹의 불화살이 날아오면 신속하

11. Owen, *Of Temptation*, in *Works*, 6:133.

**140** 깨어 있음

게 그 불을 꺼야 한다는 의미가 담겨 있다. 사탄의 불화살은 "그가 악의를 담아 제련한 것"이라는 사실을 잊어서는 안 된다.[12] 그는 항상 우리를 중대한 악에 빠뜨리기 위해 유혹의 화살을 날린다. 그는 뱀처럼 속이고, 사자처럼 삼킨다. 그의 목적은 우리로 하여금 하나님의 율법을 거역하고, 복음을 저버리게 만드는 것이다. 오웬이 지적한 대로 사탄은 죄를 이용해 그리스도에 대한 우리의 관심을 없애려고 한다.[13] 따라서 우리는 아무리 사소한 죄라도 죄라면 무엇이든 신속하게 처리해야 한다.

> "우리를 위하여 여우 곧 포도원을 허는 작은 여우를 잡으라 우리의 포도원에 꽃이 피었음이라"(아 2:15).

스펄전은 "작은 여우가 포도원을 망가뜨리듯 작은 죄가

---

**12.** Owen, *Of Temptation*, in *Works*, 6:95.

**13.** 이 단락은 오웬의 글을 내 나름대로 바꾸어 표현한 것이다. See *Of Temptation*, in *Works*, 6:135.

# 조나단 에드워즈의 70가지 결심문

뉴잉글랜드의 유명한 목사 조나단 에드워즈는 깨어 있음의 좋은 본을 보여주었다. 그는 열아홉의 어린 나이에 거룩한 삶을 살겠다며 일 70가지 결심문을 적었다. 그의 신앙일지를 살펴보면 그가 자신의 결심을 자기점검의 수단으로 종종 사용했던 것을 알 수 있다. 그의 전기 작가 가운데 한 사람은 "에드워즈의 자기점검, 곧 외적 행위와 은밀한 생각을 살피는 일은 더할 나위 없이 철저하고 모범적이었다."라고 말했다.

그는 계속해서 이렇게 말했다.

"조나단 에드워즈는 하나님을 두려워하고, 자신의 연약함을 의식했기 때문에 습관적으로 죄를 경계하며 모든 유혹을 피하려고 조심스레 행동했다. 그의 자기점검은 규칙적이고, 포괄적이며, 일관되었다. 그는 아침에는 그날의 위험을 예측해 조심하려고 노력했고, 밤에는 하루 동안 마음이 어떻게 움직였는지를 돌아보며 어디에서 소홀했고, 무슨 죄를 지었으며, 어떤 경우에 자신의 결심을 어겼는지를 살폈을 뿐 아니라 잘못이라고 생각되는 모든 것을 규칙적으로 기록했다. 그는 기록한 내용을 주말과 월말과 연말, 또는 인생의 중요한 변화가 있을 때 다시 살펴봄으로써 자기 자신의 상태를 파악하고, 하나님 앞에서 겸손히 죄를 고백했다."

"그는 무엇을 하든 하나님의 사랑을 조금도 의심하지 않았으며, 무슨 생각을 하든 그것이 죽기 전이나 마지막 순간에 후회할 일이 되지 않도록 주의했고, 그런 생각을 최선을 다해 피하려고 노력했다. 그는 나중에 무엇이 자신을 위험에 빠뜨릴 것인지를 알기 위해 분명하게 드러난 죄는 항상 그 원인을 철저히 살폈다. 그는 육체적인 욕망은 물론이고 죄가 틈탈 기회를 제공하는 욕망, 곧 부와 편안함과 쾌락과 권세와 명성과 인기를 탐하는 욕망을 경계하려고 노력했을 뿐 아니라 항상 죽여 없애려고 애썼다. 그는 자기 부인을, 죄를 죽이고 거룩함을 추구할 수 있는 기회로 간주했으며, 죄를 죽이는 데 성공한 후에는 항상 큰 위로가 뒤따른다는 사실을 발견했다."[a]

이처럼 에드워즈는 깨어 있음의 습관을 기르는 세 가지 방법(앞에서 다룬 방법들—편집주)을 모범적으로 실천한 사례에 해당한다. 그는 자기 자신을 알고, 자신의 삶을 규칙적으로 살피려고 노력했으며, 육체의 정욕을 경계함으로써 감각의 문을 지키려고 애썼다. 그는 죄가 틈탈 기회를 주지 않으려고 자신을 철저히 단속했다.

---

a. Sereno Dwight, *Memoirs of Jonathan Edwards, in The Works of Jonathan Edwards* (repr., Carlisle, Pa.: Banner of Truth Trust, 1974), 1:clxxxiv. 에드워즈의 결심문은 여러 웹사이트에서 찾아볼 수 있다.

부드러운 마음을 상하게 한다."고 말했다.[14]

그렇다면 유혹이 다가올 때는 어떻게 대처해야 할까? 오
웬은 "십자가에 매달리신 그리스도를 믿는 믿음의 생각으
로 유혹에 대처하라. 그러면 유혹이 잦아들 것이다."라고
권고했다.[15] 오직 믿음의 방패만이 사탄의 불화살을 소멸
할 수 있다(엡 6:16).[16]


## 마음을 복음으로 가득 채우라

깨어 있음의 습관을 기르는 방법은 부정적인 훈련과 긍정
적인 훈련을 모두 포함한다. 다시 말해, 한편으로는 죄를
피하고 죽이며, 다른 한편으로는 주 예수님께 마음을 두어

---

**14.** C. H. Spurgeon, *Morning and Evening: A New Edition of the Classic Devotional Based on The Holy Bible, English Standard Version*, revised and updated by Alistair Begg (Wheaton, Ill.: Crossway, 2003), May 30 reading.

**15.** Owen, *Of Temptation*, in *Works*, 6:135.

**16.** 믿음의 방패가 "꾀는" 불화살과 "두려워하게 하는" 불화살 모두를 잠재우는 방식에 대한 놀라운 묵상은 Gurnall, *Christian in Complete Armour*, 2:76 – 123을 참조하라.

야 한다. 다시 성의 비유를 적용해서 말하면, 위험한 침입자들로부터 영혼의 문을 지켜야 할 뿐 아니라 마음을 복음으로 가득 채워야 한다.

사람은 각자 자신의 마음속에 이미 존재하는 것에 따라 행동하기 마련이다. "선한 사람은 그 쌓은 선에서 선한 것을 내고 악한 사람은 그 쌓은 악에서 악한 것을 내느니라"(마 12:35). 이것이 시편 저자가 "내가 주께 범죄하지 아니하려 하여 주의 말씀을 내 마음에 두었나이다"(시 119:11)라고 말한 이유다. 여기에서 "두었나이다"라는 말은 매우 귀중한 것을 "깊이 숨기다, 쌓다, 귀하게 여기다"라는 의미를 지닌다. 죄로부터 우리 자신을 지키려면 하나님의 말씀으로 우리의 마음을 지켜야 한다. 누군가가 말한 대로, "성경이 우리를 죄에서 지켜주지 않으면 죄가 우리를 성경에서 멀어지게 만들 것이다."

난폭한 야만인들에 의해 점령될 위기에 처한 성의 성주를 생각해보자. 적군이 성을 공략하려고 진격해 오고 있다. 성주는 그들이 다가오고 있다는 것을 알고 있고, 달아날 곳도 없고 숨을 곳도 없다. 성은 곧 봉쇄되고 공격을 받을 것이다.

살아남을 수 있는 유일한 희망은 성벽을 견고하게 하고, 전투가 시작되었을 때 성안의 백성을 먹일 식량을 비축해두는 것이다. 식량을 많이 비축할수록 더 오래 버틸 수 있다.

오웬은 이런 생각을 하면서 다음과 같이 조언했다.

> 어떤 유혹이 다가오든 그것에 대항할 힘을 잘 비축해두라. 이것도 깨어 마음을 살피는 일에 속한다…적군이 성이나 요새를 에워싸 공략하려고 다가왔을 때, 방비가 잘 되어 있고 끝까지 버틸 준비가 잘 갖춰져 있으면 공격하지 않고 물러갈 것이 틀림없다. 세상의 임금인 사탄도 우리의 마음이 공격에 버틸 준비가 잘 갖춰진 것을 보면 떠날 뿐 아니라 야고보가 말한 대로 도망칠 수밖에 없다…
>
> 복음의 양식을 비축해두면 그렇게 할 수 있다. 즉, 그리스도 안에 나타난 하나님의 사랑으로 마음을 가득 채워야 한다. 이것이 세상에서 유혹의 힘에 맞설 수 있는 가장 큰 방어책이다.[17]

---

17. Owen, *Of Temptation*, in *Works*, 6:133.

오웬이 말한 "복음의 양식"이란 죽음과 지옥과 형벌에 대한 두려움과 하나님에 대한 공포심과 같은 율법의 위협에 반대되는 복음의 약속을 의미한다.[18] 물론, 율법의 위협도 그 나름의 역할이 있다. 오웬은 "율법의 양식을 준비해야 한다."고 말하기도 했다. 그러나 그것은 (복음의 양식보다) 훨씬 더 쉽게 공략된다. 많은 사람이 죽음과 지옥을 두려워하면서도 유혹에 쉽게 넘어간다.

그리스도 안에 나타난 하나님의 사랑, 하나님의 은혜의 영원한 계획, 그리스도가 흘리신 보혈의 맛, 그런 희생을 감당하신 그분의 사랑으로 마음을 가득 채우라. 그로 인해 우리가 누리는 특권들, 곧 하나님께 의롭다 하심을 받고, 그분의 양자가 된 것을 기뻐하라. 그리스도께서 그분의 죽음의 효력으로 결국 종말의 때에 새 하늘과 새 땅에서 이루실 거룩의 아름다움에 관한 생각으로 마음을 가득 채우라. 그런 마음으로 일상 속에서 하나님과 동행하면 유혹이 아무리 거세게 닥쳐

---

**18.** Owen, *Of Temptation*, in *Works*, 6:134.

오더라도 큰 평화와 안전을 누릴 수 있을 것이다.[19]

이처럼 깨어 있는 마음은 자신에게 집착하지 않고, 그리스도와 복음의 큰 축복을 바라본다. 이것이 이 책의 요점이다. 올림픽에 출전한 육상 선수는 자신의 발이 아닌 결승선을 주시한다. 그와 마찬가지로 깨어 있는 그리스도인들은 부름의 상을 바라보고 달려간다(빌 3:13-14).

## 그리스도만을 바라보라

자기 자신의 내면을 집착적으로 들여다보는 내면 관조는 건강한 기독교 영성을 위협하는 가장 미묘한 요인 가운데 하나다. 이것은 깨어 있음을 다루는 책에서 특히 더 위험하다. 내면 관조는 우리의 시야를 우리 자신의 내면으로 향하게 한다. 그것은 죄와 마찬가지로 영혼을 자기 안으로 매몰시킨다. 내면 관조는 근시안적일 뿐 아니라 마치 기생충

---

**19.** Owen, *Of Temptation*, in *Works*, 6:134.

처럼 영혼의 기력을 갉아먹는다. 다시 말해, 그것의 시야는 작고, 좁다. 내면 관조를 제재하지 않으면, 그것은 하나님의 위엄과 그리스도의 은혜와 성령의 감화를 도외시하도록 유도해 우리의 영혼을 약하고 무기력하게 만든다.

그와는 달리, 깨어 있음은 우리 자신을 경계할 것을 요구하지만 결코 자아에 초점을 맞추도록 이끌지 않는다. 우리의 영혼은 조금도 흔들림 없이 앞과 위와 밖을 바라봐야 한다. 1장에서 말한 대로, 기대는 깨어 있음의 핵심 요소에 해당한다. 우리는 주님의 재림을 기대하며 앞을 바라봐야 한다(마 24:42; 25:13; 눅 12:37; 계 16:15). 또한 깨어 있음은 위를 바라볼 것을 요구한다. 바울은 그리스도께서 하나님의 우편에 앉아 계시는 위의 것을 생각하라고 말했다(골 3:1-2). 우리도 마라톤 경주자처럼 우리의 발이 아닌 결승선이 있는 전방, 곧 그리스도를 바라봐야 한다. 우리는 "믿음의 주요 온전하게 하시는 이"인 예수님을 바라보며 달려가야 한다(히 12:2).

영적 생활의 거장들은 모두 이 사실을 분명하게 인식했고, 힘써 가르쳤다. 오웬은 자신의 마지막 책에서 신자들에게 "항상 그리스도의 영광을 생각하며 살라."고 권고했다. 그는 "마음에 그리스도와 그분의 영광에 대한 생각이 가득하고, 영혼이 강력한 애정으로 그분을 사모하면…영혼을 무기력하게 만드는 요인들을 몰아낼 수 있다."고 말했다.[20] 꾸준히 그리스도만을 바라봐야만 참된 깨어 있음이 이루어질 수 있다.

내게 그리스도를 바라보는 법을 가장 잘 가르쳐준 사람은 19세기 스코틀랜드 목사 로버트 머레이 맥체인이었다. 그는 만난 적은 없지만 영적 상태를 잘 알고 있는 한 사람에게 편지를 쓴 적이 있었다. 그는 그 편지에서 그를 유명하게 만든 조언을 제시했다. "형제의 마음을 살피는 데 너무 많은 시간을 쏟지 말고, 그리스도의 마음을 알려고 노력하십시오. 자신을 한 번 살펴보았으면 그리스도는 열 번 살펴야 합니다."[21] 그렇다. 이것이 핵심이다.

---

**20.** Owen, *Glory of Christ Applied*, in *Works*, 1:460–61.

**21.** Robert Murray M'Cheyne to anonymous, March 20, 1840, in Bonar, *Memoir & Remains*, 279. 맥체인은 또 다른 사람에게 보낸 편지에서도 "주 예수님에 관해 많이 배우세요. 자신을 한 번 쳐다볼 때마다 그리스도를 열 번 쳐다보세요. 그분은 너무나도 사랑스러우십니다. 그분은 무한히 엄위

맥체인은 다른 사람들에게 조언한 말을 스스로 지키며 그리스도 중심적인 경건을 열심히 추구했다. 그런 사실이 본서의 머리글에서 언급한 "개인적 개혁"이라는 문서에서 분명하게 드러난다. 개인적인 삶을 개혁하기 위한 그의 계획 가운데 하나는 죄를 정기적으로 고백하는 습관을 기르는 것이었다. 그는 양심을 "항상 그리스도의 보혈로 씻어" 깨끗하게 유지하려고 노력했다. 그는 그 목적을 위해 자기 점검하고 죄를 고백하는 시간을 가졌다. 맥체인은 "하루 중 가장 좋은 시간, 즉 아침 식사 이후와 차를 마시고 난 후에, 그전 시간 동안 지은 죄를 진지하게 고백하고, 온전한 용서를 구해야 한다."고 말했다.[22]

맥체인은 무엇이든 철저히 했다. 그는 어릴 적에 지은 죄, 회심 이전과 이후에 지은 죄, 말씀의 빛과 지식을 어긴 죄, 사랑과 은혜에 어긋난 죄, 성삼위 하나님을 거역한 죄

---

로우신데도 죄인들, 심지어는 죄인의 괴수까지도 지극히 온유하고 은혜롭게 대해주십니다. 그분의 빛을 흠뻑 받고, 만물을 꿰뚫는 눈으로 사랑스레 형제를 바라보시는 그분의 눈길을 의식하고, 그분의 전능한 팔에 안겨 편히 쉬세요."라고 말했다.

**22.** Bonar, *Memoir & Remains*, 150.

를 고백하기로 결심했다. 그는 "거룩한 말씀, 하나님의 얼굴, 십자가, 심판, 지옥, 영원의 빛에 자기의 죄를 비춰보아야 한다."고 말했다.[23] 그는 심지어 자신의 꿈과 "생각과 감정과 말과 행위의 습관"과 원수들의 비난과 친구들의 질책을 진지하게 살피기로 마음먹었다. 깨어 있음을 위한 맥체인의 계획은 상세하고, 포괄적이고, 체계적이었다.

아래의 글은 언뜻 보면 지나치게 내면 관조적인 듯한 느낌을 주지만 사실은 건전한 그리스도 중심적인 성격을 띠고 있다.

> 죄를 지을 때마다 그리스도께 나아가 용서를 구해야 한다. 나는 몸을 씻을 때 구석구석을 살펴 깨끗하게 씻는다. 그런데 영혼을 씻을 때 어떻게 주의를 덜 기울일 수 있겠는가? 내가 지은 죄 하나하나 때문에 예수님의 등에 난 채찍 자국을 기억해야 한다. 나의 죄로 인해 지옥에서 영원히 당할 고통과 똑같은 무한한 고통을 예수님의 영혼이 고스란히 감당하셨다는

---

**23.** Bonar, *Memoir & Remains*, 151.

것을 잊어서는 안 된다. 그리스도께서 보혈을 흘리심으로써 나의 모든 죗값이 온전히 청산되고도 남았다. 그리스도께서는 무한한 정의가 요구하는 대로 남김없이 고난을 받으셨고, 그로써 무한한 속전이 치러졌다.

　죄를 지었을 때는 즉시 예수님께 나아가기가 꺼려진다. 그렇게 하기가 부끄럽다. 나가봤자 소용없을 것 같고, 그리스도를 죄의 사역자로 만드는 듯한 생각이 들고, 돼지 여물통에서 곧바로 가장 훌륭한 예복으로 바뀌는 것 같은 느낌이 드는 등, 온갖 변명거리가 생각난다. 그러나 나는 그 모든 것이 지옥에서 온 거짓이라고 확신한다. 요한은 "만일 누가 죄를 범하여도 아버지 앞에서 우리에게 대언자가 있으니"라고 말했다(요일 2:1). 또한 예레미야서 3장 1절을 비롯해 수많은 성경 구절이 그런 거짓을 논박한다. 주 예수 그리스도께로 곧바로 나아가지 않으면 죄로부터 안전할 수도 없고, 평화를 누릴 수도 없다. 이것이 하나님이 정하신 평화와 거룩함의 길이다. 세상과 어두운 심령이 볼 때는 어리석어 보일 테지만 이것이 유일한 길이다.

　아무리 작은 죄라도 즉시 그리스도의 보혈을 의지해 처리해야 한다. 선한 양심을 저버리면 믿음이 파선한다. 나의 죄가 아무리 크고 심하고 뻔뻔할지라도, 기도할 때든 말씀을 전할 때든, 또 죽음을 눈앞에 둔 상태든 위험한 질병을 앓고 있을 때든 언제라도 그리스도께로 달아날 수 있다. 내가 지은 죄의 무게는 시계추와 비슷하다. 시계추가 무거울수록 시계가 더 빠르게 가는 것처럼 내 죄가 클수록 그리스도께 더 빨리 달려갈 수 있다.

그리스도의 보혈로 내 죄를 씻어야 할 뿐 아니라 그분의 순종을 덧입어야 한다. 내가 저지른 부작위의 죄가 그리스도의 온전한 순종을 통해 덮어지고, 내가 저지른 작위의 죄가 그리스도의 상처와 채찍 자국은 물론, 나를 대신한 완전한 순종을 통해 사면된다. 그로써 율법의 저주는 사라지고, 그 요구가 충족되어 율법이 존중받는다.[24]

이처럼 맥체인은 자신의 죄를 의식했는데도 불구하고 그리스도를 바라보기를 조금도 주저하지 않았다. 오히려

---

**24.** Bonar, *Memoir & Remains*, 151–52.

그의 죄는 그를 구원자이신 주님께 달려가게 만들었다. 이것은 참으로 중요하다. 우리는 마음을 살필 때 우리 자신이 아닌 그리스도를 바라봐야 한다. 그리스도께서는 우리의 대속자이시다. 그분의 속죄 사역은 우리의 죗값을 충분히 보상하고도 남는다. 맥체인은 "내가 지은 죄 하나하나 때문에 예수님의 등에 난 채찍 자국을 기억해야 한다."라고 말했다. 예수님의 채찍 자국이 치유할 수 없는 영혼의 질병은 없다. 그분의 순종이 가려주지 못할 허물은 없다. 무슨 죄를 지었든, 어떤 허물이 있든 예수님은 자신의 상처로 우리를 숨겨주겠다고 말씀하신다.[25]

큰 죄든 작은 죄든 모든 죄를 예수님께 가지고 나아가라. 그것을 모두 십자가 앞에 내려놓으라.


나의 죄, 오 이 영광스러운 생각의 복됨이여!

---

**25.** "그러므로 우리가 그리스도를 대신하여 사신이 되어 하나님이 우리를 통하여 너희를 권면하시는 것 같이 그리스도를 대신하여 간청하노니 너희는 하나님과 화목하라 하나님이 죄를 알지도 못하신 이를 우리를 대신하여 죄로 삼으신 것은 우리로 하여금 그 안에서 하나님의 의가 되게 하려 하심이라"(고후 5:20-21).

나의 죄의 일부가 아닌 그 전부가

십자가에 못 박히고 이로써 나는 그것을 지지 않네

내 영혼아, 주를 찬양하라, 주를 찬양하라![26]


이것이 상처받은 양심을 치유하는 유일한 향유이자 죄
지은 영혼을 위한 유일한 희망이다. 이것이 우리의 마음을
다루는 유일한 길이다. 우리는 그리스도께로 달려가야 한
다. 일단 그분의 발 앞에 달려가면 그분 안에서 안전함을
발견할 수 있을 것이다. 예수님은 제자들에게 "나를 떠나
서는 너희가 아무것도 할 수 없음이라"(요 15:5)라고 말씀하
셨다. 그리스도를 떠나면 우리는 아무것도 할 수 없다. 이
것은 다음의 방법과 자연스레 연결된다.

---

**26.** Horatio Spafford, "It Is Well with My Soul" (1873), in the public
domain.

## 기도하며 성령을 의지하라

"깨어 기도하라"(마 26:41)는 주님의 말씀을 잊어서는 안 된다. 깨어 있는 것과 기도는 항상 공존한다. 기도하지 않고 깨어만 있는 것은 우리의 힘을 과대평가하는 것으로 우리 자신을 의지하는 죄에 해당한다. 또 깨어 있지 않고 기도만 하는 것은 교만한 태도로 주님의 명령을 무시하는 것이다. 윌리엄 브리지는 "깨어 있으려면 부지런한 열심이 필요하고, 기도하려면 의지하는 마음이 필요하다."라고 말했다.[27]

기도는 하나님을 의지하는 마음을 표현하는 수단이다. 기도하지 않는다는 것은 곧 자기 만족적이라는 뜻이다. 칼빈은 기도를 "믿음을 발현하는 주된 수단"으로 일컬었다.[28] 따라서 기도하지 않는다는 것은 충실하지 못하다는 것, 곧 믿음이 없다는 의미다. 기도하지 않는 것은 "실천적인 무

---

27. William Bridge, "A Lifting Up for the Downcast" (sermon 8), in *The Works of the Rev. William Bridge*, M. A. (London: Thomas Tegg, 1845), 2:153.

28. Calvin, *Institutes*, 3.20 (800).

신론"에 해당한다. 윌리엄 거널은 "기도는 하나님에게서 흘러나오는 은혜와 축복과 위로의 샘물을 마음의 수조에 채워주는 수로와 같다."고 말했다.[29] 기도를 무시하는 것은 은혜와 위로의 수로를 막는 것이다. 기도하지 않으면 영적 가뭄에 시달리게 된다.

기도하지 않으면 깨어 있음을 소홀히 할 수밖에 없다. 오웬은 "유혹을 적게 받으려면 기도를 많이 하라."고 말했다.

기도는 우리를 위해 그리스도 안에 간직되어 있는 적합한 도움과 구원을 받는 길이다(히 4:16). 기도하면 모든 유혹을 떨쳐버릴 수 있는 영혼의 상태를 유지할 수 있다…그런 상태를 유지하는 영혼은 안전하다…기도하지 않으면 저주스러운 유혹에 빠질 수밖에 없다. 그렇게 되지 않으려면 기도해야 한다. 기도해야 하는 이유는 "시험에 들지 않기" 위해서다. 우리는 기도로 날마다 하나님과 씨름해야 한다. 우리의 영혼을 보존해주시고, 우리의 마음과 행위를 지켜주시고, 유혹에 걸려들

---

**29.** Gurnall, *Christian in Complete Armour*, 2:500.

지 않게 해주시고…깨어 있는 태도로 부지런히 주의 깊게 우리의 행위를 살필 수 있게 해주시길 기도해야 한다.[30]

기도는 객관적이고 주관적인 유익을 모두 가져다준다. 기도는 우리의 대제사장이신 그리스도를 통해 우리에게 주어지는 하나님의 도우심을 붙잡는 수단이다. 기도는 마음의 성향을 변화시켜 겸손하고 깨어 있는 심령 상태를 유지하도록 도와준다. 기도한다는 것은 우리의 본성적인 연약함을 인정하고, 하나님을 의지한다는 선언이다.

특히 성령으로 우리를 강건하게 하고 충만하게 해달라고 하나님께 기도하라(엡 3:16; 5:18). 성령께서는 우리를 거듭나게 하고, 거룩하게 하며, 성경의 진리를 깨닫도록 조명하신다(딛 3:5; 살후 2:13; 엡 1:17-18). 그분은 그리스도께서 가르치신 것을 생각나게 해주신다(요 14:26).

번연의 《거룩한 전쟁》에 등장하는 임마누엘 왕자는 맨소울 성에 돌아와서 새로운 역사를 열면서 "아버지와 나와

---

30. Owen, *Of Temptation*, in *Works*, 6:126 - 27.

비교해 위엄과 성품이 조금도 뒤떨어지지 않는 사람"을 재상으로 임명했다. 재상은 "맨소울의 으뜸 되는 교사다. 왜냐하면 오직 그만이 고귀하고 초자연적인 일들을 사람들에게 가르칠 수 있기 때문이다…아버지의 사랑 안에서 자기를 지키려면 무엇을, 어떻게 해야 하는지를 그보다 잘 가르칠 수 있는 사람은 아무도 없다. 그는 또한 잃어버린 것들을 다시 생각나게 하고, 앞으로 일어날 일을 가르칠 것이다."[31] 그 재상은 다름 아닌 성령이시다.

우리를 보존하고 유지해주는 성령의 영향력이 없으면 아무리 깨어 경계하려고 노력해도 우리의 삶을 안전하게 지킬 수 없다. 이것이 유다가 "성령으로 기도하며 하나님의 사랑 안에서 자신을 지키며"(유 20-21절)라고 말한 이유다. 하나님의 사랑 안에서 우리를 지킬 수 있는 수단은 성령 안에서 기도하는 것이다. 그리스도인이라면 성령이 완전히 없는 것은 불가능하지만, 그분을 근심하시게 하거나 소멸하는 일은 얼마든지 있을 수 있다(엡 4:30; 살전 5:19). 따라

---

**31.** Bunyan, *Holy War*, 163 – 64.

서 우리의 마음과 삶 속에서 성령의 사역이 중단되지 않도록 항상 깨어 기도해야 한다.

맥체인은 이와 관련해서도 좋은 본을 보여주었다. 그는 "개인적 개혁"의 두 번째 부분에서 "항상 성령으로 충만한 삶을 살고 싶은" 갈망을 드러냈다. 그는 그것을 위해, 그리스도를 떠나면 무력해질 수밖에 없다는 것과 기도가 항상 필요하다는 것을 깊이 묵상했다. 그는 "성령으로 충만하려면 나의 연약함을 더욱 깊이 깨달아야 한다."라고 말했다.

죄인이면 항상 그래야 하는 것처럼 나의 전적인 무능력과 연약함을 뼈저리게 의식할 수 있도록 열심히 애쓰고 기도해야 한다. 인간의 마음속에 있는 모든 욕망과 관련해 나는 전에도 그랬지만 앞으로도 항상 무력하기만 할 것이다. 나는 하나님 앞에서 벌레요 짐승이다. 나는 이 사실을 생각하고 종종 두려워한다. 내 안에 있는 모든 힘을 부인하는 것이 안전하지 않은 것처럼, 곧 가장 사악하고 추잡한 죄로부터 나를 회복시켜 줄 것이 내 안에 아무것도 존재하지 않는다고 생각하는 것(이것은 사실이다)이 위험한 것처럼 느껴질 때가 많다. 이것은 마귀의 미혹이다. 나의 무력함을 알고 느끼고 고백하는 것만이 전능자의 팔을 의지함으로써 나를 안전하게 지킬 수 있는 유일한 길이다.[32]

맥체인은 자신의 무력함을 의식할 때도 죄를 고백할 때처럼 자기 자신에게 초점을 맞추지 않고, 그리스도와 성령의 능력을 온전히 의지했다. 아래에 인용한 글을 읽어보면 그가 어떻게 그리스도께 초점을 맞추었는지 알 수 있다.

살아 계신 구원자이신 그리스도를 좀 더 깊이 알아야 한다. 그분은 목자로서 자기가 찾은 양들을 이끄시고, 왕으로서 자기가 구원한 영혼들을 다스리시며, 대장으로서 "나와 싸우는 자들과 싸우신다"(시 35:1). 그분은 혈과 육을 지닌 인간으로서는 극복하기가 불가능한 모든 유혹과 시련을 극복할 수 있도록 도와주신다.

'이 분이 우리를 어떻게 구원하실 수 있을까? 어떻게 하늘

---

**32.** Bonar, *Memoir & Remains*, 153.

에 계시는 그리스도께서 내 안에서 요동치는 정욕과 나를 에워싼 그물로부터 나를 구원하실 수 있을까?'라는 의심이 들 때가 많다. 이 의심도 거짓의 아비가 부추긴 것이다. 성경은 예수님이 "자기를 힘입어 하나님께 나아가는 자들을 온전히 구원하실 수 있으니"(히 7:25)라고 말한다.

중보자이신 그리스도를 알아야 한다. 그분은 큰 유혹을 당하게 될 베드로를 위해 간절히 기도하셨다. 나는 그분의 흉배 위에 간직되어 있다. 만일 그리스도께서 옆방에서 나를 위해 기도하시는 소리를 들을 수 있다면 원수들이 아무리 많아도 두렵지 않을 것이다. 그러나 그 거리가 멀든 가깝든 아무 상관 없다. 그분은 지금도 나를 위해 기도하고 계신다…

위로자이신 주님을 알아야 한다. 그분의 신성과 사랑과 전능하심을 알아야 한다. 나는 요한복음 14장 16절의 말씀대로, 위로자이신 주님을 묵상하는 것보다 나를 더 거룩하게 하는 것은 없다는 사실을 경험으로 알게 되었다.[33]

---

**33.** Bonar, *Memoir & Remains*, 154.

이렇듯 맥체인의 신앙일지는 진지하고, 겸손하고, 철저하게 그리스도 중심적인 기도하는 깨어 있음을 보여주고 있다. 우리에게 절실히 필요한 것은 바로 이런 깨어 있음이다. 곧 부지런하면서도 의존적이고, 자신의 연약함을 깊이 의식하면서도 구원자이신 주님의 넉넉한 능력을 굳게 확신하면서 기도와 성령의 은사를 통해 그것을 우리의 것으로 만드는 깨어 있음이다.

## 지금까지 받은 은혜를 소중히 간직하라

정원은 잡초를 제거할 뿐 아니라, 물도 주어야 한다. 이런 원예의 원리는 깨어 있음에도 똑같이 적용된다. 즉 죄와 정욕을 십자가에 못 박아 죽여야 할 뿐 아니라(롬 8:13; 갈 5:24; 골 3:5), 은혜를 활성화하고 소중히 간직해 견고하게 해야 한다. 오웬은 "영적인 깨어 있음과 근면함은 우리가 받은 은혜를 소중히 여기고, 개선하고, 향상시키는 것, 곧 우리 안에 형성된 새로운 피조물을 굳세게 하는 데 그 핵심이 있

다."고 말했다.[34]

성경도 다양한 방식으로 이 점을 가르친다. 바울의 서신에는 "입다"나 "벗다"와 같은 표현이 자주 사용되었다. 죄는 오래되어 다 낡은 옷처럼 벗어 버리고, 그 대신 의의 옷을 입어야 한다(롬 13:12-14; 엡 4:22-24; 골 3:8-14). 이 밖에도 영적 성장은 육체의 성장(엡 4:11-16; 벧전 2:1-3), 성전 건축(엡 2:19-22; 벧전 2:4-5), 열매 맺는 일(갈 5:22-23; 빌 1:9-11; 골 1:9-10)로 비유되었다. 이런 비유적 표현들은 은혜 안에서의 성장이 지니는 다양한 측면을 강조한다. 믿음과 소망과 사랑의 은혜 안에서 "성장하라" 혹은 "풍성해지라"는 명령들은 기도로 구하고, 부지런히 추구해야만 영적으로 성장할 수 있다는 것을 보여준다. 이것이 성화에 관한 성경의 기본적인 가르침이다.

오웬이 말하려는 요점은 깨어 있음을 통해 우리가 받은 은혜를 잘 육성해야만 더욱 성장할 수 있다는 것이다. 하나님의 성령을 통해 우리 안에서 역사하는 은혜들을 "활성화

---

**34.** Owen, *Psalm CXXX*, in *Works*, 6:592.

## 토머스 보스턴이 말하는 깨어 있음의 세 가지 차원

토머스 보스턴은 청교도 시대 말기에 살았던 스코틀랜드 목사이자 신학자였다. 그는 "기독교적 깨어 있음과 그 실천 방법"이라는 설교에서 깨어 살펴야 할 것과 깨어 경계해야 할 것과 깨어 지향해야 할 것이 있다고 말했다. 그가 붙인 소제목은 깨어 있음의 실천 방법을 세가지 차원으로 나눠 유익한 조언을 제시하고 있다.

1. 올바로 유지하기 위해 깨어 살펴야 할 것들
   ① 우리 자신을 깨어 살피기
      우리의 머리, 곧 우리의 원리들을 깨어 살피기
      우리의 마음을 깨어 살피기
      마음의 생각들을 깨어 살피기
      마음의 감정들을 깨어 살피기
      우리의 말을 깨어 살피기
      우리의 감각을 깨어 살피기
      우리의 발, 곧 우리의 행위와 삶을 깨어 살피기
   ② 우리의 은혜를 깨어 살피기
   ③ 우리의 의무를 깨어 살피기
   ④ 우리의 성취를 깨어 살피기

2. 깨어 경계해야 할 것들

　① 정욕과 부패한 성향을 깨어 경계하기

　　본성적인 죄를 깨어 경계하기

　　이전에 지은 죄들을 깨어 경계하기

　　자신이 쉽게 이끌리는 특별한 죄들을 깨어 경계하기

　　사소한 죄들을 깨어 경계하기

　② 악의 출현을 깨어 경계하기

　③ 죄의 상황을 깨어 경계하기

　④ 죄의 유혹을 깨어 경계하기

　⑤ 악한 친구들을 깨어 경계하기

3. 적보다 유리한 고지를 점유하고, 우리 자신을 강화하기 위해 깨어
　지향해야 할 것들

　① 의무를 행할 적절한 때를 깨어 지향하기

　② 성령의 감화감동을 깨어 지향하기

　③ 경험들, 곧 우리를 향한 섭리를 주의 깊게 깨어 지향하기

　④ 의무의 성공적 수행을 깨어 지향하기[a]

a. Thomas Boston, "Christian Watchfulness Stated, and Enforced," in *The Whole Works of Thomas Boston*, ed. Samuel M'Millen (Aberdeen: George and Robert King, St. Nicholas Street, 1848), 4:387-94.

하고, 소중히 간직해 견고하게 해야만" 생존할 수 있고, 잘 자랄 수 있다. 맥체인은 "은혜가 성장하지 않으면 내 안에서 아무것도 자랄 수 없다."라고 말했다.[35]

번연은 《거룩한 전쟁》에서 이 점을 창의적으로 묘사했다. 맨소울 성을 탈환한 임마누엘 왕자는 성에 여러 명의 지도자를 세워 성을 다스리고, 미래의 공격으로부터 성을 지키게 했다. 그 지도자들 가운데는 "신뢰 장군," "선한 소망 장군," "사랑 장군," "순결 장군," "인내 장군"이라는 다섯 용사가 포함되어 있다.[36] 이 용사들은 제각각 독특한 기독교적 은혜를 나타낸다. 임마누엘 왕자가 그 용사들에 관해 성의 백성들에게 매우 유익한 명령을 하달했다. 그는 맨소울 성의 백성에게 그들을 "사랑하고, 잘 보살피고, 힘써 도우라"고 당부했다.

---

**35.** Bonar, *Memoir & Remains*, 156.

**36.** Bunyan, *Holy War*, 86. 장군들의 군기를 들고 있는 자들의 명칭도 의미심장하다. "약속씨"는 신뢰 장군의 깃발을, "기대씨"는 선한 소망 장군의 깃발을, "동정씨"는 사랑 장군의 깃발을, "순진무구씨"는 순결 장군의 깃발을, "오래참음씨"는 인내 장군의 깃발을 각각 들었다.

그러므로 그들 중 어느 하나가 언제라도 아프거나 약해져서 마음으로는 강렬히 원하지만 건강할 때 하는 것처럼 사랑의 수고를 잘 감당할 수 없게 되거든, 그들을 무시하거나 멸시하지 말고 오히려 굳세게 하고, 설혹 죽을 만큼 힘들더라도 힘써 격려해주기를 바란다(히 12:12). 왜냐하면 그들은 너희의 울타리요 보호자요 방어벽이요 성문이요 자물쇠요 문빗장이기 때문이다. 그들이 연약해서 거의 아무것도 할 수 없을 때는 그들에게서 큰 것을 기대하지 말고 오히려 도와주어야 한다. 그러나 너희가 잘 알다시피 그들이 건강할 때는 너희를 위해 놀라운 업적과 공훈과 위업을 능히 이룰 수 있고, 또 기꺼이 그렇게 할 것이다.

그들이 연약하면 맨소울 성은 강할 수 없고, 그들이 강하면 맨소울 성은 약할 수 없다. 너희의 안전이 그들의 건강과 그들에 대한 너희의 도움에 달려 있다(사 35:3). 만일 그들이 병들게 된다면 그것은 곧 그들이 맨소울 성 자체의 질병에 감염된 탓이라는 것을 잊지 말라(살전 5:14; 계 3:2).[37]

---

**37.** Bunyan, *Holy War*, 166–67.

우리의 영혼의 보호와 안전은 우리가 받은 은혜의 힘과 건강에 밀접하게 연관되어 있다. 이것이 은혜 안에서의 성장이 깨어 있음의 수단인 이유다.

## 그리스도의 말씀 안에서 인내하라

오웬이 유혹을 다룬 책에서 깨어 있음과 관련해 마지막으로 제시한 지침은 요한계시록 3장 10절의 말씀에 근거한다. "네가 나의 인내의 말씀을 지켰은즉 내가 또한 너를 지켜 시험의 때를 면하게 하리니 이는 장차 온 세상에 임하여 땅에 거하는 자들을 시험할 때라." 오웬은 "나의 인내의 말씀"을 주격 소유격으로 받아들여 성도들을 향한 그리스도의 인내를 묘사하는 의미로 이해했다. 그러나 그보다는 이것을 한정적 소유격으로 받아들여 인내(즉 견인)에 관한 그리스도의 말씀을 뜻하는 것으로 받아들이는 편이 더 나을 듯하다. 그럼에도 불구하고 오웬의 설명은 신학적으로 풍부하고, 목회적으로 유익하다.

오웬의 말에 따르면 이 말씀을 지키는 데는 세 가지가

필요하다. 즉 말씀을 생각으로 이해하고, 마음에 소중히 간직하고, 의지를 통해 실천해야 한다.[38] 말씀의 모든 차원을 생각으로 이해하는 것이 필요하다. 은혜와 긍휼의 말씀은 우리를 구원하고, 거룩하고 순결한 말씀은 우리를 거룩하게 하며, 자유와 권능의 말씀은 우리를 자유롭게 하고, 위로의 말씀은 삶의 모든 상황에서 우리를 격려하고 지지한다.[39] 또한 말씀은 큰 가치를 지니고 있기 때문에 그것을 보배롭게 여겨야 한다. 바울이 말한 대로 복음의 "아름다운 것을 지키고"(딤후 1:14), 우리가 배운 "미쁜 말씀"을 굳게 붙잡아야 한다(딛 1:9). 그렇게 하면 자연스레 복종으로 귀결된다.[40]

---

**38.** 오웬의 표현을 사용해 말하면, 그리스도의 인내의 말씀을 지키는 일에는 지식과 가치 판단과 복종이 포함된다. Owen, *Of Temptation*, in *Works*, 6:139.

**39.** Owen, *Of Temptation*, in *Works*, 6:139 – 40.

**40.** "복음의 탁월함을 정확하게 이해하고, 긍휼과 거룩함과 자유와 위로의 말씀의 중대성을 헤아려 귀하게 여기는 사람, 곧 그것을 일생의 사역과 일로 삼아 모든 상황, 특히 시련과 배교가 그리스도의 인내를 극한까지 몰아붙이는 상황에서도 말씀에 기꺼이 복종하는 사람은 유혹의 시기에 온전히 보존될 것이다." Owen, *Of Temptation*, in *Works*, 6:141.

오웬은 계속해서 말씀을 지키는 신자가 유혹에서 보호 받는 이유를 제시했다. 그 가운데 하나는 그리스도께서 자기 백성을 보존하겠다고 말씀하신 약속이다. 모든 약속이 "성부의 신실하심과…성자의 은혜와…성령의 능력과 효력으로" 보증된다.[41] 다시 말해, 이 언약은 영원한 삼중 언약을 통해 보장된다. 우리가 인내하며 복종할 수 있는 것은 우리를 보존하시는 하나님의 은혜 덕분이다. "약속이 있는 곳에 이 모든 확신이 있다. 성부의 신실하심과 성자의 은혜와 성령의 능력이 모두 우리의 보존에 관여한다."[42]

말씀을 지키는 것은 우리의 마음에 내적으로 작용해 깨어 있는 영적 성향을 유지하게 해준다. 세상에 대한 마음을 죽이면 유혹에 덜 이끌리게 된다. 오웬은 "그리스도를 가까이하는 사람은 그와 함께 십자가에 못 박혔고, 육신의 정욕과 세상에 대해 죽었다(갈 6:14)."라고 말했다.[43] "그런 심

---

41. Owen, *Of Temptation*, in *Works*, 6:141 – 42.
42. Owen, *Of Temptation*, in *Works*, 6:142.
43. Owen, *Of Temptation*, in *Works*, 6:143.

령 상태를 유지하면 마음에 더 좋은 것들이 가득 들어차게 되어"[44] 유혹에 대한 저항력이 강화된다.

마지막으로, 그리스도의 말씀 안에서 인내하는 것은 "보존하는 생각과 보존하는 원리를" 공급한다.[45] 보존하는 생각이란 그리스도와 그분의 영광에 대한 생각, 그분이 우리의 형제요 대장이요 왕으로서 유혹을 정복하신 사실에 대한 생각, 그분과의 교제가 단절될까 봐 두려워하는 마음 등으로 구성된다. 아울러 보존하는 원리란 성령의 사역으로 인한 믿음의 은혜(우리 자신의 지혜를 비우고, 그리스도의 마음을 움직여 도우심을 베푸시게 만드는 믿음)와 사랑(다른 사람에게 관심을 갖게 하는 사랑, 특히 성도에 대한 사랑)을 가리킨다.[46]

이런 성향을 유지하는 비결이 무엇인지에 주목하라. 이런 생각과 원리를 지켜 나가려면 그리스도의 장엄하심에 초점을 맞춰야 한다. 그리스도와 풍성한 교제를 나누어야

---

44. Owen, *Of Temptation*, in *Works*, 6:143. Emphasis original.

45. Owen, *Of Temptation*, in *Works*, 6:143.

46. Owen, *Of Temptation*, in *Works*, 6:145 – 47.

만 다른 열등한 것들을 사랑하려는 마음으로부터 자유로
워질 수 있다.

그리스도와 교제를 나누며 그분과 동행하는 영혼은 새 포도
주를 마시기 때문에 세상의 옛것들을 더는 바라지 않게 된다.
그런 영혼의 소유자는 "새것이 더 낫다."고 말한다. 그는 날마
다 주님이 얼마나 은혜로우신지를 맛보아 알고 있기 때문에
금지된 것들의 달콤함을 갈망하지 않는다. 사실, 그런 것들
은 조금도 달콤하지 않다. 날마다 생명나무의 열매를 먹으려
고 힘쓰는 사람들은 다른 열매에는 전혀 구미를 느끼지 않는
다…아가서의 신부는 이것을 자기 보존의 수단으로 삼았다.
그녀는 매일의 교제를 통해 그리스도 안에서 지극히 탁월한
것과 다른 모든 것을 능가하는 그분의 은혜를 발견했다. 영혼
이 죄의 용서, 거룩함의 열매, 영광의 소망, 하나님과의 평화,
성령 안에서의 기쁨, 죄의 극복과 같은 복음의 선한 것들 안
에서 그리스도와 교제를 나누면 모든 유혹에 저항할 수 있는
강력한 보호막이 형성된다. 그러나 육신적이고, 세속적이고,
감각적인 쾌락에 물든 영혼은 영적인 것들 가운데 가장 달콤

한 것에서도 아무런 맛이나 풍미를 느낄 수 없다. 하나님의 인자하심에 만족하는 사람은…거룩한 마음으로 강한 유혹의 미끼과 매력을 경멸하며 안전하게 보존된다.[47]

여기에서도 그리스도와의 교제가 참된 깨어 있음의 비결이라는 것을 알 수 있다. 이번 장에서 논의한 방법들은 모두 이 목표를 지향한다. 이제 깨어 있는 심령 상태를 유지하는 데 도움이 되는 방법을 한 가지만 더 살펴보자.

## 날마다 하나님과 동행하는 삶의 리듬을 개발하라

성경은 구약과 신약 전반에 걸쳐 하나님과 동행하는 것walking with God을 경건한 삶으로 묘사한다(창 5:24; 6:9; 17:1; 계 3:4). 고대 사회에서 걷는다는 것은 가장 주된 여행 방식이었다. 일반인들은 낙타나 말을 구할 여유가 없었고, 비행기

---

**47.** Owen, *Of Temptation*, in *Works*, 6:144. 고어를 현대어로 바꾸기 위해 위의 인용문을 약간 고쳐 말했다.

나 기차나 자동차는 물론이고, 자전거조차 수천 년이 지나서야 발명되었다. 따라서 고대인들은 걸어서 여행했다. 걷는 것은 신자의 순례 여정을 가리키는 생생한 비유였다.

여행은 거리의 길이에 상관없이 한 걸음씩 이루어진다. 한 걸음씩 내딛지 않고 이 마을에서 저 마을로 단숨에 옮겨갈 수는 없다. 하나님과 동행하는 것도 마찬가지다. "멸망의 도시"에서 "천성"을 향해 나아가려면 셀 수 없이 많은 발걸음을 떼어 놓아야 한다. 이것이 하나님과 동행하는 법을 배우는 것이 그토록 중요한 이유다. 만일 마음을 주의 깊게 살피기를 원한다면 하나님과 동행하는 삶의 리듬을 길러야 한다.

종교 개혁자들과 청교도들은 이 문제에 많은 관심을 기울였다. 그들은 단지 교리뿐 아니라 일상의 삶을 개혁하는 데 초점을 맞추었다. 그들은 이 목표를 염두에 두고 신앙생활과 관련된 매일의 루틴과 리듬을 다루는 책을 많이 저술했다. 예를 들어, 칼빈은 "아침에 일어났을 때, 하루의 일과를 시작하기 전에, 음식을 먹기 위해 자리에 앉았을 때, 하나님의 축복으로 음식을 다 먹었을 때, 잠자리에 들기 전

에"라는 말로 정해진 시간에 규칙적으로 기도하라고 조언
했다. 그는 항상 기억하라는 성경의 명령을 염두에 두었을
것이 분명하다. 그는 "우리는 항상 하나님을 열망하며 쉬
지 않고 기도해야 한다. 우리는 많은 도움이 필요할 정도로
연약하고, 채찍질이 필요할 만큼 나태하기 때문에 시간을
정해 놓고 기도에 힘쓰는 것이 필요하다."고 말했다.[48]

   영국의 청교도들은 목회적인 논설과 책들을 통해 그
리스도인의 규칙적인 일상생활을 상세하게 규정해 독려
하는 데 더욱 적극적이었다. 예를 들어, 로저스의 《*Seven
Treaties*》(일곱 가지 권면) 가운데 네 번째 권면은 "기독교적 삶
을 일상생활 속에서 실천하도록 신자를 독려하는 일"에 초

---

**48.** Calvin, *Institutes*, 3.20.50 (917 – 18). 불턴은 (헤르만 셀더하위스의 글을
인용해) "이런 하루의 주기는 수도원의 규칙과 거의 비슷하다."고 말했다.
칼빈은 많은 점에서 수도원 체계를 비판했고, "마치 남아 있는 시간 동안 우
리 자신이 하나님께 대한 빚을 청산해야만 그것을 다 갚을 수 있을 것처럼
시간을 미신적으로 지켜 준수하는 것"을 부추기지 않으려고 조심했지만, 이
런 방식으로 매일의 기도를 드리는 것을 "우리의 연약함을 도와주는 수단으
로 받아들여 활용하고 거듭 독려해야 한다."고 말했다. *Institutes*, 3.20.50.
칼빈이 일반 신자의 경건을 지도하기 위해 수도원의 실천을 어떻게 적용
했는지 더 살펴보려면, see Boulton, *Life in God*. 칼빈이 처방한 기도의
종류의 예를 보려면, see John Calvin, *Tracts and Letters* (Edinburgh:
Banner of Truth Trust, 2009), 2:95 – 99.

점을 맞추었다.[49] 그는 성경의 가르침을 근거로 "매일의 원칙"을 여덟 가지로 나눠 제시했다.

① 우리는 매일 하나님의 율법을 통해 우리의 삶을 철저하게 살펴 죄를 찾아내야 하고, 우리의 죄를 겸손하게 인정해야 한다.

② 우리는 매일 그리스도 안에 있는 하나님의 약속을 통해 죄사함의 확실한 소망을 가져야 한다.

③ 우리는 매일 우리의 마음을 준비해 조용히 "하나님을 구하고" 우리의 심령을 적합하게 만들어 기꺼이 그 일을 할 수 있게 만들어야 한다.

④ 우리는 매일 굳센 결의로 모든 악과 죄에 대항할 수 있도록 우리 자신을 단단히 무장해야 하고, 하나님의 분노를 초래하는 것을 가장 두려워해야 한다.

⑤ 우리는 매일 하나님을 향한 경외심과 사랑을 길러야 하며, 다른 무엇보다 그분 안에서 더 기뻐하고, "그분의 강림을 인내로 기다리면서"(살후 3:5, 킹 제임스 성경 참

---

**49.** Rogers, *Seven Treatises*, 319.

조—역자주) 무슨 의무를 행하든 기회가 있을 때마다 그 분을 기쁘시게 하려고 노력해야 한다.

⑥ 우리는 매일 이미 받은 은택과 앞으로 확실히 기대되는 은택에 대한 감사를 계속해야 한다.

⑦ 우리는 매일 이 모든 일을 일관되고 성실하게 이행할 수 있도록 "깨어 기도해야 한다."

⑧ 우리는 매일 하나님과 평화를 유지하고, 그로 인해 평안을 누려야 한다.[50]

로저스는 이런 성경적인 원칙들을 지켜나가기 위해 날마다 실행에 옮겨야 할 아홉 가지 의무도 아울러 제시했다. 그는 "(이 의무들은) 매일 이행하는 것이 상례이지만 반드시 그래야 할 필요는 없다."라는 설명을 곁들였지만 그 내용을 보면 일상생활의 모든 측면이 포함되어 있는 것을 알 수 있다.

① 첫 번째 의무 – 아침에 하나님과 함께 일어나기

---

**50.** Rogers, *Seven Treatises*, 341–42.

② 두 번째 의무 – 기도로 하루를 시작하기

③ 세 번째 의무 – 우리의 소명을 이행하기

④ 네 번째 규칙 또는 의무 – 사람들과 어울리는 가운데 올바로 처신하기

⑤ 다섯 번째 의무 – 혼자 있을 때 올바로 처신하기

⑥ 여섯 번째 의무 – 물질적 번영을 잘 활용하기

⑦ 일곱 번째 의무 – 고난이 닥칠 때마다 잘 감당하기

⑧ 여덟 번째 의무 – 가정에서 영적 활동을 잘 하기

⑨ 마지막 아홉 번째 의무 – 하루를 돌아보기[51]

1611년에 《The Practice of Piety: Directing a Christian How to Walk, that He May Please God》(경건의 실천)을 저술한 루이스 베일리와 1631년에 《The Christian's Daily Walk in Holy Security and Peace》(거룩한 안전함과 평화 안에서 걷는 신자의 삶)를 저술한 헨리 스쿠더를 비롯해 다른 많은 청교도들도 그런 전례를 따랐다(스쿠더의 책은 젊은 시절의 존 오웬에게 깊은 인상

---

**51.** Rogers, *Seven Treatises*, 359 – 63.

을 심어주었다).

아마도 21세기의 신자들은 이런 책들을 언뜻 펼쳐만 보아도 아연실색할지도 모른다. 심지어 로저스 당시에도 지역 장원을 소유한 한 귀족이 그에게 왜 그렇게까지 세밀해야 하느냐고 물었다. 그러자 로저스는 "세밀하신 하나님을 섬기고 있기 때문이지요."라고 대답했다.[52] 물론 청교도들은 때로 성경의 권위를 넘어서는 규칙을 제시하기도 했다. 그러나 주의력 깊은 독자들은 그들이 항상 신자들에게 의무의 이행이 아닌 그리스도와 그분의 의를 믿는 믿음을 독려한다는 사실을 알아차릴 것이다. 더욱이 그들이 제시한 규칙들은 대부분 성경의 일반적인 명령을 구체적으로 적용한 것이었다. 로저스는 이렇게 말했다.

그러나 우리가 매일 해야 할 행위를 구체적으로 모두 제시하는 것이 나의 의도라고 오해하지 말기를 바란다. 왜냐하면

---

**52.** J. I. Packer, *A Quest for Godliness: The Puritan Vision of the Christian Life*, ministry ed. (Wheaton, Ill.: Crossway, 2012), 114.

(특히 주중에) 우리가 하는 행위는 참으로 다양할 뿐 아니라 그 때마다 바뀔 여지가 많기 때문에 강요하기가 불가능하다. 다만 매일 우리의 양심을 구속하는 것, 곧 그 행위를 하지 않으면 죄가 되는 것만을 말할 수 있을 뿐이다. 그런 일들은 기억하기가 곤란할 만큼 그렇게 많지도 않고, 또 너무 적지도 않다. 그러나 그것들은 하루를 지내는 동안 참된 기독교적 삶을 크게 진작시킨다. 그리스도인이 지켜야 할 매일의 지침들은 하나님의 말씀이 가르치는 규칙들을 한데 모은 것으로 지극한 평화를 누리며 날마다 하나님의 뜻에 따라 살아가도록 도와준다. 따라서 이런 지침들을 따르는 것은 매일 무슨 일을 하든 충실하고 일관된 태도로 하나님을 기쁘시게 하려는 노력을 기울이는 것을 의미한다. 이것들을 지키면 이 세상에 사는 동안, 양심의 평화를 누리면서 하나님을 영화롭게 할 수 있다.[53]

이처럼 매일의 규칙을 제시하는 목적은 성경이 가르치

---

**53.** Rogers, *Seven Treatises*, 339. Emphasis added.

지 않는 무거운 의무를 지우기 위해서가 아니라 하나님의 말씀에 뿌리를 박고, 그리스도의 은혜를 신뢰하며, 성령의 능력을 의지할 수 있는 일상의 실천적인 습관을 기르도록 도와주기 위해서다.

이것이 맥체인이 "개인적 개혁"에서 추구하려고 노력했던 것이다. 그는 "은밀한 기도의 개혁"으로 일컬은 그 문서의 두 번째 부분에서 기도 생활을 위한 개인적인 각오를 글로 적었다. 그 가운데 일부를 인용하면 다음과 같다.

> 아침에 일어나 누구를 만나기 전에 기도를 먼저 해야 한다. 나는 종종 늦잠을 자거나 누군가를 일찍 만나거나 가족 기도를 하고 아침을 먹고 오전에 방문자들을 맞이하다 보면 열한 시나 열두 시가 돼서야 은밀한 기도를 시작할 때가 많다. 이것은 바람직하지도 않고, 성경적이지도 않다…또 내게 조언을 구하러 온 사람들에게도 아무런 유익을 끼칠 수 없다. 그런 탓에 양심이 가책을 느끼고, 영혼이 굶주린다. 등불의 심지를 다듬어 놓지 않은 꼴이다. 그런 상태로 은밀한 기도를 드리면 영혼이 제대로 기능하지 않을 때가 많다. 하나님과 함

께 하루를 시작하는 것, 곧 그분의 얼굴을 가장 먼저 뵙고, 나의 영혼이 다른 사람을 가까이하기 전에 그분을 먼저 가까이하는 것이 훨씬 더 낫다고 생각한다…일반적으로 다른 일을 하기 전에 최소한 한 시간 동안 하나님과 함께 시간을 보내는 것이 최선이다…기도 없이 아무것도 해서는 안 된다. 가능하면 특별하고, 은밀한 기도를 드려야 한다…하루의 가장 좋은 시간을 하나님과 교제를 나누는 데 할애해야 한다. 이것이 나의 가장 고귀하고 유익한 사역이다…잠을 자기 전에 기도하는 좋은 옛 습관을 포기해서는 안 된다…매일 은밀한 시간을 갖고 최소한 성경을 세 장 읽어야 한다.[54]

나는 위 글을 읽으면서 영감을 받을 뿐 아니라 죄책감과 큰 격려와 거룩한 질투심이 혼합된 감정을 느낀다. 나태한 죄로 인해 죄책감이 느껴지지만 맥체인이 보여준 경건의 본을 생각하면 마음이 크게 고무되고, 또 예수님과 친밀한 관계를 맺은 그를 생각하면 거룩한 질투심이 느껴진다. 물

---

**54.** Bonar, *Memoir & Remains*, 156 – 58.

론, 나의 삶과 맥체인의 삶은 다르다. 그는 19세기 스코틀랜드의 던디라는 분주한 산업 도시에서 독신으로 지냈던 젊은 목사였지만 나는 현대 생활의 복잡한 요인들을 모두 갖추고 있는 21세기 미국에서 네 자녀를 둔 중년의 기혼자로 살아가고 있다. 따라서 나의 일상생활은 그와 같을 수가 없다. 그러나 하나님이 내게 그런 마음을 허락해주시기를 간절히 기도한다.

우리의 일상생활은 대개 우리의 사회적 위치에 따라 크게 달라진다. 결혼하지 않은 대학생과 미취학 자녀를 키우는 가정주부의 삶은 서로 전혀 다르다. 그러나 신자라면 누구나 "사랑하는 자들아 너희는 너희의 지극히 거룩한 믿음 위에 자신을 세우며 성령으로 기도하며 하나님의 사랑 안에서 자신을 지키며 영생에 이르도록 우리 주 예수 그리스도의 긍휼을 기다리라"(유 20-21절)라는 사도적 명령에 유의해야 한다. 우리는 매일 깨어 있음의 습관을 기르고, 기도하고, 조심스럽게 살펴야 한다. 깨어 있음의 훈련을 쌓으려면 어거스터스 톱레이디의 기도를 우리의 기도로 삼아야 한다.

오! 주님, 제 자신을 보게 하시고

저에 대해 깨어 기도하게 하소서.

주님이 저를 버려두시면 저는 너무나도 약하옵고

너무나도 연약해 쉽게 넘어질 수밖에 없나이다.

단 한순간이라도 주님이 저를 떠나시면

그 순간, 주님의 율법을 어기는 저를 보게 됩니다.


예수님, 죄인의 유일한 피난처시여

지금 주님의 은혜가 제게 주어지는 것을 느끼게 하소서.

오! 포로된 자를 땅에서 일으키시고

이미 상한 갈대를 부러뜨리지 마옵소서.

주님, 다시 한번 평화로 제게 찾아오소서.

주님의 얼굴을 헛되이 구하지 말게 하소서.[55]

---

**55.** Augustus Toplady, Poem 19, in *The Works of Augustus Toplady* (Harrisburg, Va.: Sprinkle Publications, 1997), 889 – 90.

# 점검과 적용

1. 자기 자신의 삶을 자세히 살피는 시간을 가지라. 나의 약점과 유혹은 무엇인가? 나의 "들릴라의 죄"는 무엇인가? 시편 139편 23-24절의 기도를 드리라.

   "하나님이여 나를 살피사 내 마음을 아시며 나를 시험하사 내 뜻을 아옵소서 내게 무슨 악한 행위가 있나 보시고 나를 영원한 길로 인도하소서."

2. 마음과 영혼의 "문들"을 살피라. 어느 문을 더욱 주의 깊게 지켜야 할 것 같은가? 컴퓨터, 텔레비전, 스마트폰, 인터넷, 소셜미디어 등, 모든 형태의 미디어를 어떻게 사용하고 있는지 점검하라. 마음을 더 잘 살피기 위해 변화가 필요한 특정한 활동이나 습관이 있는가?

3. 오웬은 유혹을 당하기 전에 마음에 복음의 진리를 비축해두라고 조언했다. 이 점을 친구와 함께 논의하라. 마음에 복음의 진리를 비축하는 방법 네다섯 가지를 찾아보라.

4. 부록 1에 실린 맥체인의 "개인적 개혁"을 전부 읽으라. 그가 추구한 깨어 있음을 살펴보았을 때 어떠한 생각이 들었는가? 스스로 그와 비슷한 글을 한번 써보는 것을 고려해보라.

5. 오웬은 "그리스도를 가까이하는 사람은 그와 함께 십자가에 못 박혔고, 육신의 정욕과 세상에 대해 죽었다."라고 말했다. 지금 그리스도와 얼마나 가깝게 지내고 있는가? 그분과 더 가깝게 지내려면 어떻게 해야 하는가?

6. 매일 하나님과 동행하는 삶의 리듬을 지니고 있는가? 그런 리듬을 기르면 어떤 유익이 있을 것 같은가?

# 4장
# 언제 : 깨어 있음의 시기

"깨어 살펴야 할 첫 번째 일은 유혹이 영혼에 접근하는 시기

를 잘 분별해 대처할 준비를 하는 것이다."

-존 오웬의《*Of Temptation*》에서

훌륭한 비행기 조종사와 군대 장군과 축구 코치는 최소한

한 가지 공통점이 있다. 그것은 최악의 상황을 염두에 두

고, 심한 압박감 속에서 전략적인 결정을 내리는 훈련을 한

다는 점이다. 신앙생활도 그와 비슷한 사전 대비를 필요로

한다. 예수님은 자기를 따르는 자들에게 제자도의 대가를

잘 헤아리라고 권하면서, 건축 비용을 계산하는 사람의 비

유와 전쟁을 시작할 것인지를 주의 깊게 생각하는 왕의 비유를 말씀하셨다(눅 14:27-33). 바울은 그리스도인들에게 원수가 누구인지를 기억하고, 하나님의 전신갑주를 입음으로써 싸울 채비를 갖추라고 당부했다(엡 6:10-18). "악한 날에…능히 대적하기를" 원하는 사람들은 그런 준비가 반드시 필요하다.

이번 장의 목적은 몇 가지 시나리오를 염두에 두고 영적 훈련을 쌓게 하는 데 있다. 오웬은 "깨어 살펴야 할 첫 번째 일은 유혹이 영혼에 접근하는 시기를 잘 분별해 대처할 준비를 하는 것이다."라고 말했다.[1] 오웬은 그런 시기를 네 가지로 나누었고, 그의 동료 청교도인 존 플라벨은 열두 가지로 나누었다.[2] 우리는 오웬과 플라벨을 비롯해 다른 사람들의 견해를 참조해 일곱 가지를 살펴보겠다.

---

**1.** Owen, *Of Temptation*, in *Works*, 6:131.

**2.** Flavel, *Saint Indeed*, in *Works*, 5:417 – 509.

## 형통할 때의 깨어 있음

그런 시기 가운데 하나는 "여느 때와 달리 외적으로 크게 번영했을 때"이다. 오웬은 "번영과 유혹은 함께 찾아온다. 번영이 많은 유혹을 가져다주는 이유는, 은혜의 탁월한 공급이 없으면 번영은 유혹에 노출되기 쉬운 틀과 기질에 영혼을 던져 넣기 때문이다."라고 말했다.[3]

이런 경고의 말을 뒷받침하는 성경 말씀은 너무나도 많다. 잠언 1장 32절은 "어리석은 자의 퇴보는 자기를 죽이며 미련한 자의 안일은 자기를 멸망시키려니와"라고 말한다. 번영은 종종 우리의 영적, 도덕적 감각을 무디게 만든다. 창조된 선한 것들은 그것들을 "감사함으로 받아" "하나님의 말씀과 기도로 거룩하게"(딤전 4:4-5) 하지 않으면, 우상 곧 우리를 하나님에게서 멀어지게 만드는 유혹적인 대체물로 전락되기 쉽다.

아굴은 이렇게 기도했다.

---

**3.** Owen, *Of Temptation*, in *Works*, 6:127.

"곧 헛된 것과 거짓말을 내게서 멀리 하옵시며 나를 가난하게도 마옵시고 부하게도 마옵시고 오직 필요한 양식으로 나를 먹이시옵소서 혹 내가 배불러서 하나님을 모른다 여호와가 누구냐 할까 하오며 혹 내가 가난하여 도둑질하고 내 하나님의 이름을 욕되게 할까 두려워함이니이다"(잠 30:8-9).

오웬은 "형통할 때 경계하지 않으면 영적 감각이 딱딱하게 굳어 무감각해지기 때문에 죄의 속임수와 사탄의 미끼에 걸려들기가 쉽다."고 말했다.[4] 이 말은 바울이 디모데에게 당부한 말과 일맥상통한다.

"그러나 자족하는 마음이 있으면 경건은 큰 이익이 되느니라 우리가 세상에 아무 것도 가지고 온 것이 없으매 또한 아무 것도 가지고 가지 못하리니 우리가 먹을 것과 입을 것이 있은 즉 족한 줄로 알 것이니라 부하려 하는 자들은 시험과 올무와 여러 가지 어리석고 해로운 욕심에 떨어지나니 곧 사람으로

---

4. Owen, *Of Temptation*, in *Works*, 6:128.

파멸과 멸망에 빠지게 하는 것이라 돈을 사랑함이 일만 악의 뿌리가 되나니 이것을 탐내는 자들은 미혹을 받아 믿음에서 떠나 많은 근심으로써 자기를 찔렀도다"(딤전 6:6-10).

이번에도 《거룩한 전쟁》에 나오는 이야기를 예로 들면 유익할 듯하다. 임마누엘 왕자가 맨소울 성을 되찾자, 원수인 디아볼루스는 크게 분노하며 "구덩이의 장관들"로 구성된 전략 회의를 소집했다. 그 구성원으로는 늙은 "불신 장관," "아볼루온," "바알세불," "루시퍼"가 포함되어 있었다. 그들의 목적은 성을 재공략하는 계책을 세우는 것이었다. 그들이 세운 계책은 매우 기발했다. 악마의 무리들은 "정중하면서 교활한" 그들의 "친구이자 조력자"인 "달콤한 세상씨"와 "현재가 좋아씨"의 도움을 받아 맨소울 사람들의 경계심을 흩트려 놓을 계략을 꾸몄다. 루시퍼가 제안한 말 가운데 한 대목을 소개하면 다음과 같다.

맨소울 사람들을 일에 몰두하게 만듭시다. 그들을 번영하고 부유하게 만듭시다. 이것이 그들을 정복하는 길입니다. 우리가 이 방법으로 라오디게아 교회를 정복했고, 지금도 많은 사람이 이 덫에 걸려 넘어지고 있다는 것을 잊지는 않았겠지요? 그들은 번영하기 시작하면 과거의 불행을 모두 잊을 것입니다. 우리가 그들을 두렵게 만들지 않으면 그들은 잠에 빠져들어 성문은 물론, 마을과 성을 경계하는 일을 소홀히 할 것입니다.

이 방법을 사용하면 맨소울 사람들이 풍요에 취해 허우적거리느라고 자신들의 성을 우리를 대항하는 요새와 전사들의 집결소가 아닌 물품 창고로 만들지 않겠습니까?

디아볼루스가 소집한 전략 회의의 참석자들은 이 계책에 박수갈채를 보냈다. 그들은 "맨소울 사람들을 이 세상에 흠뻑 취하게 하고, 그들의 마음에 세상의 좋은 것들을 마구 채우는 것이 지옥의 계책 중의 계책이라고 생각했다."[5]

물론, 물질적인 번영은 하나님이 베푸시는 일시적인 선

5. Bunyan, *Holy War*, 247 – 50.

물 가운데 하나다. 성경은 부의 위험만이 아니라 그로 인한 유익과 축복에 관해 말한다. 우리는 "형통한 날에는 기뻐하라"(전 7:14)는 말씀에 복종함과 동시에 "이생의 염려와 재물과 향락"이 말씀의 기운을 막을 수 있다는 사실을 기억해야 한다(눅 8:14).

"진정한 문제는 우리가 무엇을 소유하고 있느냐가 아니라 무엇이 우리를 소유하고 있느냐는 것이다."라는 말은 진부하지만 여전히 유익하다. 일시적인 축복을 믿음의 손으로 감사하게 받아 적절하게 사용하면 가족과 친구와 이웃들에게 선을 베푸는 수단이 될 수 있다. 그러나 "시험과 올무와 여러 가지 어리석고 해로운 욕심에 떨어져…파멸과 멸망에 빠지지" 않으려면(딤전 6:9), 형통할 때 우리의 마음을 부지런히 살펴 지켜야 한다.

## 혼자 있을 때의 깨어 있음

혼자 있을 때 무엇을 하는가? 무엇을 생각하고 느끼고 꿈꾸고 바라는가? 무엇을 읽고 보고 듣는가? 혼자 있을 때 영혼을 돌보고, 마음을 지키는가?

오웬은 혼자 있는 때가 최상의 시간이 될 수도 있고, 최악의 시간이 될 수도 있다고 말했다. 혼자 있는 시간에는 기도와 묵상을 하고 하나님과 교제를 나눌 수도 있고, 유혹에 이끌려 죄를 지을 수도 있다. 따라서 혼자 있을 때는 깨어 경계해야 할 필요가 있다.

밤이든 낮이든 아무 일도 하지 않고 혼자 있을 때는 다른 때보다 각별히 더 주의해야 한다. 그런 시간에 우리의 본성, 즉 우리 안에 있는 지배적인 원리가 그 모습을 드러낸다. 그런 시간은 최상의 시간이 될 수도 있고, 최악의 시간이 될 수도 있다.[6]

혼자 있는 시간에 우리의 본성이 드러난다. 혼자 있을 때

---

**6.** John Owen, *Gospel Evidences of Saving Faith* (Grand Rapids: Reformation Heritage Books, 2016), 100. 이 책은 브라이언 헤지스에 의해 현대어로 기록된 판이다. 원래의 판본을 보려면, see Owen, *Gospel Grounds and Evidences of Saving Faith*, in *Works*, 5:455.

우리의 속마음이 고스란히 나타난다. 교회에서는 종교적인 허울을 뒤집어쓰고 직장이나 학교에서는 억지웃음을 지을 수 있지만, 혼자 있을 때는 내면의 생각과 욕망이 참모습을 드러낸다. 누군가가 말한 대로 "하나님 앞에 무릎을 꿇을 때 그 사람의 참된 면모가 드러난다."[7]

혼자 있을 때는 또한 큰 유혹을 느끼는 시간이기도 하다. 맥체인은 한 친구에게 보낸 편지에서 "홀로 있을 때 사탄의 공격을 가장 심하게 느낀다. 모든 악한 생각과 의도가 내 영혼 안으로 물밀듯 밀어닥친다. 그런 시간에 내 영혼이 사랑하는 그분을 발견하기란 그리 쉽지 않다."고

---

7. 맥체인이 한 말로 종종 간주되지만 그가 쓴 글 어디에서도 발견되지 않는다. 오히려 존 오웬이 그와 비슷한 말을 한 것으로 나타난다. 오웬은 내주하는 죄가 "혼자서 기도와 묵상으로 하나님과 교제를 나누는 일을 소홀히 할 때" 어떤 영향력을 발휘하는지를 묘사하면서 "이런 의무를 이행할 때 그 사람의 참된 면모가(곧 그들 안에 있는 믿음과 사랑이 어떠한지가) 드러난다."고 말했다. 그는 또한 "은밀히 그런 개인적인 의무를 행할 때 하나님의 눈앞에 드러난 그 사람의 모습이 곧 그의 참모습이다."라고 말하기도 했다. Owen, *Indwelling Sin*, in *Works*, 6:300. Owen makes a similar statement in *Gospel Grounds and Evidences of Saving Faith.* "밤이든 낮이든 아무 일도 하지 않고 혼자 있을 때보다 더 부지런히 깨어 경계해야 할 때는 없다. 그런 시간에 보이는 모습이 곧 그 사람의 진면목이다." Owen, *Gospel Grounds*, in *Works*, 5:455.

말했다.[8]

이런 사실은 성경에서도 분명하게 확인할 수 있다. 다윗은 혼자서 지붕 위를 거닐 때 유혹을 받았고, 예수님은 동산에 혼자 계실 때 유혹을 받으셨다. 물론, 문제는 혼자 있는 것 자체에 있지 않다. 또한 유혹 자체가 문제인 것도 아니다. 다윗과 예수님은 모두 혼자 있을 때 유혹을 받았지만, 다윗은 굴복했고 예수님은 물리치셨다. 문제는 경계를 게을리한 데 있다. 이것이 오웬이 "밤이든 낮이든 혼자 있을 때는 더욱 깨어, 유혹으로 인해 영혼이 놀라는 일이 없도록, 그것이 처음 모습을 드러내는 순간에 즉시 물리칠 준비가 항상 되어 있어야 한다."고 권고했던 이유다.[9]

혼자 있을 때 깨어 경계하는 일은 과거 그 어느 때보다도 오늘날에 더욱더 절실히 필요하다. 혼자 있을 때 죄를 짓는 경우가 너무나도 많다. 스마트폰 때문에 인터넷과 미

---

**8.** Robert Murray M'Cheyne to Rev. R. MacDonald, January 12, 1839, in Bonar, *Memoir & Remains*, 210.

**9.** Owen, *Gospel Evidences*, 100. See also *Gospel Grounds*, in *Works*, 5:455.

디어에 언제라도 쉽게 접근할 수 있다. 손가락으로 몇 번만 클릭하면 음란물을 즐길 수 있다. 노골적인 형태의 죄는 짓지 않더라도 최신 뉴스를 검색하면서 시간을 보낼 수도 있다. 물론 그런 일이 반드시 죄인 것은 아니다. 그러나 소셜 미디어, 게임, 애플리케이션이 급격히 늘어난 까닭에 예전보다 부주의하고, 정신이 산만해질 가능성이 훨씬 더 크게 증폭되었다. 우리가 어떤 형태의 미디어를, 어떻게 받아들이고 있는지를 주의해야 할 필요가 있다. 우리가 받아들이는 내용을 점검하고, 그런 일에 사용하는 시간의 양을 따져봐야 한다.

반면에, 혼자 있을 때 많은 영적 성장을 이룰 수 있다. 기도도 할 수 있고, 하나님의 말씀을 읽고 암기하고 묵상할 수도 있으며, 그리스도를 높이는 설교나 찬양을 들을 수도 있다. 혼자서 우리의 영혼을 배불릴 수 있는 방법이 많다. 따라서 나는 혼자 있는 시간을 피하라고 말할 생각이 없다. 하나님은 우리에게 공적인 은혜의 수단과 사적인 은혜의 수단을 모두 허락하셨다. 두 가지 모두 소홀히 해서는 안 된다.

혼자 있는 시간을 피하려고 애쓸 필요가 없다. 깨어 있는 태도로 혼자 있는 시간을 잘 사용해 그리스도를 영화롭게 하고, 영혼을 배부르게 해야 한다. 오웬은 이렇게 말했다. "이 은혜를 활용하는 목적은 겸손하고 애통해하는 심령 상태를 유지하고 보존하는 것이다. 만일 그런 상태를 유지하지 못한다면 모든 목적이 좌절될 것이다."[10]

참 신자와 거짓 신자의 주된 차이 가운데 하나가 혼자 있는 시간을 사용하는 방식에서 분명하게 드러난다. 이것도 오웬이 언급한 것 가운데 하나다. 그는 "열매 없는 거짓 신자들은 겉으로만 의무를 이행하면서 외적인 명예를 누린다. 은밀히 혼자 있을 때 그들은 확연히 다른 모습을 보인다. 그런 시간에 성도들은 하나님과 교제를 나누고, 위선자들은 대부분 세상과 교감하며 자신들의 정욕을 채우기에 바쁘다."고 말했다.[11]

예를 들어, 부부가 단둘이 있을 때 시간을 어떻게 보내

---

**10.** Owen, *Gospel Evidences*, 100.

**11.** Owen, *Of Communion*, in *Works*, 2:38 – 39.

## 플라벨이 말하는 "마음을 깨어 지켜야 할 때"

존 플라벨은《마음, 참된 성도의 마음》에서 책 한 권의 분량을 할애해 잠언 4장 23절("모든 지킬 만한 것 중에 더욱 네 마음을 지키라")을 설명하고 적용했다. 이 책은 마음을 깨어 지켜야 할 때를 열두 가지로 분류했다. 이번 장에서 논의한 것은 그 가운데 일부다. 그가 말한 때를 모두 열거하면 다음과 같다.

1. 축복의 섭리가 있는 형통한 때

2. 시련의 섭리가 있는 역경의 때

3. 시온이 어려움에 처한 때, 즉 교회가 억압을 받는 때

4. 혼란스럽고, 집중하기 힘든 때

5. 궁핍하고, 곤궁할 때

6. 공적, 사적, 또는 은밀한 의무를 행하면서 하나님을 가까이하고자 할 때

7. 사람들로부터 상처를 입거나 학대를 당할 때

8. 분노할 일이나 큰 십자가를 감당해야 할 때

9. 사탄이 그리스도께 충성하는 마음을 빼앗으려고 유혹할 때

10. 의심과 영적 어둠이 몰려들 때

11. 믿음으로 인해 극심한 고난을 당할 때

12. 병들어 영원한 세상에 가까이 이르렀을 때


플라벨은 위의 시기들을 하나씩 상세하게 설명했을 뿐 아니라 그런 시기에 생명의 근원인 마음을 지킬 수 있는 놀라운 수단과 동기와 논증과 도움을 많이 제공했다.

플라벨은 유혹의 때에 깨어 있음의 의무가 특별히 필요한 이유는 하나님을 영화롭게 하고, 우리의 고백을 진실되게 하며, 우리의 삶과 행위를 아름답게 하고, 우리의 영혼을 위로하며, 우리의 은혜를 더욱 발전시키고, 우리의 영혼을 안정되게 하기 위해서라고 말했다.[a]

---

a. John Flavel, *A Saint Indeed (or, The Great Work of a Christian Opened and Pressed)*, in *The Works of John Flavel* (1820; repr., Edinburgh: Banner of Truth Trust, 1968).

는지를 살펴보면 부부 관계가 어떤지를 알 수 있다. 남편과 아내가 서로를 진정으로 사랑한다면 다른 친구들보다 둘만 있기를 원할 것이 분명하다. 그들은 서로 사랑과 친밀함과 애정을 나누는 것을 다른 무엇보다 더 기쁘게 여길 것이다. 그러나 부부 관계가 좋지 않으면 전혀 다른 결과가 나타날 것이 틀림없다. 불행한 부부는 사람들이 보는 앞에서는 서로를 사랑하는 척하지만, 단둘이 있을 때는 냉담한 태도로 형식적으로만 행동하거나 서로를 원망하며 다투거나 서로를 멀리한 채로 자신의 활동에만 몰두한다. 그리스도와 우리의 영적 결혼에서도 그와 비슷한 일이 발생한다. 겉으로 드러난 우리의 태도가 어떻든 상관없이 그리스도와 우리의 관계는 혼자 있는 시간에 그분을 대하는 우리의 태도를 통해 가장 진실하게 드러난다.

## 영적 잠에 빠졌을 때의 깨어 있음

"영적 잠에 빠져 하나님과의 교제를 소홀히 할 때"(영적 침체기)에도 깨어 있음이 필요하다.[12] 구체적으로 말해, 이는 우리의 등불이 희미하게 타고 열정이 식었을 때이며, 영적 훈련을 등한시하며 우리의 첫사랑을 잃었을 때이다. 오웬은 "그런 상태에 빠져 영적 졸음이 느껴질 때는 주의하라. 자칫 잘못하면 우리의 모든 뼈를 분질러 일평생 사라지지 않을 상처를 남길 수 있는 심각한 유혹에 빠질 수 있다."고 경고했다.[13]

오웬은 또한 이 시기를 "의무를 형식적으로 이행하는 때"로 묘사했다.[14] 영적인 잠에 빠진 신자는, 마음은 헛되이 방황할지라도 겉으로는 여전히 종교적인 의무를 이행할 수 있다. 그런 신자는 성경을 읽고 기도하고 예배에 참석하지만 믿음이나 소망이나 사랑 없이 형식만을 지킨다. 다시 말해, 입으로만 주님을 가까이할 뿐 마음은 그분에게서 멀다. 거널은 영적 잠에 빠지지 말라고 경고했고, 그 세

---

12. Owen, *Of Temptation*, in *Works*, 6:128.

13. Owen, *Of Temptation*, in *Works*, 6:129.

14. Owen, *Of Temptation*, in *Works*, 6:128.

가지 위험 징후를 언급했다. (1) 의무 이행을 싫어하고, 게을리한다. (2) 기도를 형식적으로 한다. (3) 무익한 생각을 많이 한다.[15]

거널과 오웬은 이 위험한 상태를 구체적으로 묘사하기 위해 신랑과의 친밀한 사귐을 잃어버린 신부의 경험(아 5:2-8)을 언급했다.[16]

"내가 잘지라도 마음은 깨었는데 나의 사랑하는 자의 소리가 들리는구나 문을 두드려 이르기를 나의 누이, 나의 사랑, 나의 비둘기, 나의 완전한 자야 문을 열어 다오 내 머리에는 이슬이, 내 머리털에는 밤이슬이 가득하였다 하는구나 내가 옷을 벗었으니 어찌 다시 입겠으며 내가 발을 씻었으니 어찌 다시 더럽히랴마는 내 사랑하는 자가 문틈으로 손을 들이밀매 내 마음이 움직여서 일어나 내 사랑하는 자를 위하여 문을 열 때 몰약이 내 손에서, 몰약의 즙이 내 손가락에서 문빗장에

---

**15.** Gurnall, *Christian in Complete Armour*, 2:505.

**16.** Gurnall, *Christian in Complete Armour*, 2:505; Owen, *Of Temptation*, in *Works*, 6:128.

떨어지는구나 내가 내 사랑하는 자를 위하여 문을 열었으나 그는 벌써 물러갔네 그가 말할 때에 내 혼이 나갔구나 내가 그를 찾아도 못 만났고 불러도 응답이 없었노라 성 안을 순찰하는 자들이 나를 만나매 나를 쳐서 상하게 하였고 성벽을 파수하는 자들이 나의 겉옷을 벗겨 가졌도다 예루살렘 딸들아 너희에게 내가 부탁한다 너희가 내 사랑하는 자를 만나거든 내가 사랑하므로 병이 났다고 하려무나."

위의 성경 본문은 결혼한 부부가 경험하는 어려움, 즉 소원해지는 관계를 묘사한다. 위의 경우는 신부에게만 문제가 있었다. 신랑은 신부를 찾아왔지만, 신부는 너무 게으르고 나태해서 신랑과 친밀한 관계를 맺으려고 노력하지 않았다. 신랑은 신부의 비위를 맞추려고 애쓰거나 화를 내지 않고 조용히 물러갔다. 그리고 신부의 마음이 신랑을 갈망하기 시작했을 때는 이미 늦고 말았다. 신부가 문을 열었지만 신랑의 모습은 어디에도 보이지 않았다. 그녀는 신랑을 찾으려고 거리로 달려나갔지만 성의 순찰자들에게 폭행을 당했다. 결국, 그녀는 외롭고 비참한 상태가 되었고, 상사

병에 걸렸다.[17]

아가서를 영적 의미로 읽으면 오직 하나님과의 교제를 통해서만 우리가 갈망하는 사랑과 깊은 친밀감을 발견할 수 있다는 것을 알 수 있다. 히포의 아우구스티누스는 "주님을 위해 저희를 지으셨으니 저희의 마음은 주님 안에서 안식할 때까지 평화를 찾을 수 없나이다."라고 말했다.[18] 그러나 우리는 때로 나태와 게으름에 빠져 사랑하는 주님의 부르심을 등한시함으로써 그분과 교제를 나누는 기쁨을 잃곤 한다.

그리스도와의 관계와 관련해, 아가서의 신부와 같은 경험을 해본 적이 있는가? 주님을 찾았지만 발견하지 못했던 때가 있는가? 주님이 찾아오셨고, 그분의 은혜로운 초청을 의식했고, 성령께서 교제를 나누자고 부르시는 것을 알

---

**17.** 오웬은 "신부는 좋았고, 잠을 잤다. 그녀는 정신을 차려 그리스도와 신속하고 능동적인 교통을 나누는 자신의 의무를 힘써 이행하려고 하지 않았다. 그녀는 잠에서 깨어나기 전에 사랑하는 주님을 잃고 말았다. 결국, 그녀는 그분을 다시 찾기 위해 슬피 탄식하고, 찾고, 부르짖고, 상처와 비난을 감수해야 했다."고 말했다. Owen, *Of Temptation*, in *Works*, 6:128.

**18.** Saint Augustine, *Confessions*, trans. R. S. Pine-Coffin (New York: Penguin Books, 1961), 21 (1.1).

면서도 응하지 않은 적이 있었는가? 아래에 인용한 윌리엄
쿠퍼의 말이 그런 경험을 잘 표현하고 있다고 생각하는가?

처음 주님을 보았을 때

내가 알았던 축복은 어디로 갔을까?

영혼을 새롭게 하는 예수님과 그분의 말씀이

어디로 사라졌을까?

전에 참으로 평화로운 시간을 보냈었구나.

그 기억이 지금도 너무나 달콤하구나.

그러나 이제는 세상이 채워줄 수 없는

괴로운 공백만 남았도다.[19]

그런 시기에 영적 퇴보와 죄가 더 진행되지 않게 막으려
면 오직 깨어 기도하는 수밖에 없다. 주 예수님은 사데 교

---

**19.** William Cowper, "O for a Closer Walk with God" (1772), in the public domain.

회를 향해 "너는 일깨어 그 남은 바 죽게 된 것을 굳건하게 하라"(계 3:2)고 말씀하셨다. 오웬은 "이 명령을 읽는 사람 가운데 그런 상태에 놓인 사람이 있다면 회복할 수 없는 지경에 이르기 전에 깨어나야 한다. 하나님의 경고를 멸시하지 말고, 진지하게 받아들이라."고 조언했다.[20]

## 자신감이 있을 때의 깨어 있음

영적 잠에 빠졌을 때 깨어 있음에 힘써야 한다는 것은 두말할 필요가 없다. 하지만 우리의 영적 생활이 잘되고 있는 것처럼 보일 때도 깨어 경계하는 것이 필요하다. 매일 경건의 시간을 충실하게 이행하는가? 지난 몇 주, 또는 몇 달 동안 분노하거나 정욕에 이끌려서 경건의 시간을 날려버린 적은 없었는가? 자신이 제법 훌륭한 그리스도인처럼 생각되기 시작했는가? 깨어 경계하라. 영혼의 원수가 기회를 노리고 있다. 바울은 "선 줄로 생각하는 자는 넘어질까 조

---

**20.** Owen, *Of Temptation*, in *Works*, 6:129.

심하라"(고전 10:12)고 말했다.

베드로가 예수님이 십자가에 못 박히시기 전날 밤에 어떻게 행동했는지 기억하는가? 예수님은 제자들에게 그들이 모두 도망칠 것이고, 그들 중 한 사람은 자기를 배신할 것이라고 말씀하셨다(마 26:20-21, 30-31). 그러나 베드로는 예수님께 끝까지 충성하겠다고 장담하면서 "주여 내가 주와 함께 옥에도, 죽는 데에도 가기를 각오하였나이다"(눅 22:33)라고 말했다. 그는 자신이 제자들 가운데 가장 충성스럽다고 생각했다. 그는 다른 제자들이 모두 도망치더라도 자기는 그렇게 하지 않겠다고 자신 있게 말했다(마 26:33).

그러나 그 후에 어떤 일이 있었는지는 잘 알려진 사실이다. 베드로는 예수님의 말씀대로 날이 새기 전까지 세 번이나 그분을 부인했다. 누가는 당시의 일을 이렇게 기록했다. "주께서 돌이켜 베드로를 보시니 베드로가 주의 말씀 곧 오늘 닭 울기 전에 네가 세 번 나를 부인하리라 하심이 생각나서 밖에 나가서 심히 통곡하니라"(눅 22:61-62).

베드로는 자신의 자신감이 맹세를 곁들인 부인으로까지 이어지고 나서야 비로소 스스로의 연약함과 부패함과 죄를 깨닫기 시작했다. 오웬은 "그는 이 일을 통해 일평생 자기 자신을 옳게 바라볼 수 있었다."고 말했다.[21] 베드로는 자기 자신을 신뢰하는 것이 얼마나 위험한지를 알았다. 아마도 이것이 그가 나중에 동료 신자들에게, 나그네로 있을 때를 두려움으로 지내고(벧전 1:17), 원수 마귀를 깨어 경계하라고 권고했던 이유일 것이다(벧전 5:8).

이 이야기를 읽으면서 우리 자신을 베드로라고 생각하면, 우리의 덕성이 우리가 생각하는 것만큼 덕스럽지 않다는 사실을 깨닫게 된다. 우리의 상태가 최상이라고 생각하는 때도 그 이면에는 큰 허물과 주님을 부인하도록 이끄는 연약함이 존재한다. 예수님의 눈에는 그런 결함이 선명하게 드러난다.

적당한 상황, 충분한 유혹, 적정한 압력만 존재한다면 당신은 자신이 가장 큰 죄도 능히 저지를 수 있다고 인정하는가? 하나님이 당신에게 마음의 참된 실상을 보여주기 시작하셨는가? 자신감이 클수록 우리의 상태는 더욱 불안정

---

21. Owen, *Of Temptation*, in *Works*, 6:130.

## "나의 마음속에 있는 일곱 가지 가증한 죄"

존 번연은 《죄인의 괴수에게 넘치는 은혜》라는 자서전에서 이렇게 고백했다.

지금까지 나는 내 마음속에서 일곱 가지 가증한 죄를 발견했다.

1. 불신으로 기울어지는 경향

2. 그리스도께서 나타내신 사랑과 긍휼을 갑자기 망각하는 경향

3. 율법의 행위를 의지하려는 경향

4. 헛된 생각을 하며 기도에 집중하지 못하는 경향

5. 기도한 후에 기도한 내용을 잘 살피지 않고 망각하는 경향

6. 더 많이 가지지 못했다고 불평하고, 가진 것을 남용하는 경향

7. 하나님이 내게 명령하신 것을 한 가지도 이행하지 않고, 나의 부패한 본성에 이끌리는 경향(내가 선을 행할 때도 악이 나와 함께 있다.)

번연은 이런 죄들을 발견하고 슬퍼했지만, 하나님이 놀라운 지혜로

그 모든 것을 통해 자기를 유익하게 하고 더욱 겸손히 깨어 경계하며 그리스도를 의지할 수 있도록 독려하신다고 믿었다.

1. 이 죄들은 나 자신을 혐오하게 만든다.

2. 이 죄들은 나의 마음을 신뢰하지 않도록 도와준다.

3. 이 죄들은 인간의 본성적인 의가 불충분하다는 사실을 일깨워준다.

4. 이 죄들은 예수님께 나아가야 할 필요성을 보여준다.

5. 이 죄들은 하나님께 기도하게 만든다.

6. 이 죄들은 깨어 경계해야 할 필요성을 상기시킨다.

7. 이 죄들은 그리스도를 통해 하나님의 도우심을 구하고, 이 세상을 잘 헤쳐 나가도록 인도해달라고 기도하게 만든다.[a]

---

a. John Bunyan, *Grace Abounding to the Chief of Sinners, in The Whole Works of John Bunyan*, ed. George Offor (London: Blackie and Son, Paternoster Row, 1862), 1:50.

해진다. 그러나 우리의 약점을 더 많이 깨달으면 깨달을수록 우리 자신이 아닌 하나님을 신뢰하는 믿음으로 더 잘 깨어 기도할 수 있다.

마음속으로 자신과 대화를 나누며 이렇게 말하라. "나는 가련하고 연약하다. 사탄은 교묘하고 교활하고 강력할 뿐 아니라 항상 내 영혼을 장악할 기회를 엿보고 있고, 세상은 그럴듯한 구실과 수많은 핑계와 갖가지 속임수로 우리를 강하게 압박하며, 나의 부패한 본성은 격렬하고 요란하게 내 안에서 온갖 갈등을 일으키며 죄를 부추기고, 나를 옭아매려 들고, 유혹은 나의 일이나 다른 사람들과의 관계 속에서 내가 하거나 허용하는 모든 일을 통해 수많은 기회와 이점을 누리고 있다. 유혹의 첫 시작은 알아차리기 어렵고, 그럴듯하게 보이는 까닭에, 나 혼자만의 힘으로는 죄가 나의 마음을 장악해 꼼짝달싹하지 못하게 될 때까지도 올무에 걸렸는지조차 알기가 어렵다. 이런 이유로 나는 나를 보존하기 위해 오직 하나님만을 의지할 수밖에 없고, 항상 그분만을 바라볼 수밖에 없다."[22]

우리는 전적으로 무능력하다. 원수는 공격하고 유혹은 찾아온다. 우리 혼자서는 토네이도에 휩쓸려 날리는 덤불 덩이와 같고, 허리케인에 날아가는 손수건과 같다. 사자가 으르렁거리고, 독사가 달려들고, 유혹의 불화살이 날아온다. 은혜가 없으면 우리는 넘어질 수밖에 없다. 이것이 우리에게 하나님이 필요한 이유다. 자신감을 경계하라.

## 의심과 낙심의 때의 깨어 있음

의심의 때, 곧 우리의 믿음이 연약할 때 깨어 경계해야 한다. 신앙생활은 곧 "믿음의 선한 싸움"이다(딤전 6:12). 우리는 신자이지만, 불신앙의 잔재가 언제라도 첩보 요원처럼 우리 마음속으로 슬그머니 침투해 순식간에 우리를 덮칠

---

22. Owen, *Of Temptation*, in *Works*, 6:125. 고어를 현대어로 바꾸기 위해 위의 인용문을 약간 고쳐 말했다.

수 있다. 불신앙과의 싸움은 날마다 계속되지만(히 3:12-13), 믿음에 대한 공격이 특별히 거셀 때가 있다.

때로는 시련을 겪고 나서 하나님의 약속을 믿지 않고 그분의 신실하심을 의심하려는 유혹을 느끼는 순간에 그런 일이 발생한다. 시편 저자들은 종종 그런 경험을 하고, "여호와여 어느 때까지니이까"라고 부르짖었다(시 13, 80, 94편). 그러나 그들은 그렇게 탄식하면서도 열심히 기도했다. 기도는 "믿음을 활용하는 주된 수단"이다.[23] 시련을 맞닥뜨리거나 슬픔을 토로한다고 해서 문제가 발생하는 것은 아니다. 문제는 믿음의 기도를 통해 우리가 근심하는 것을 하나님께 고하지 않을 때 발생한다.

사실, 불신앙은 다른 모든 죄의 근원이다. 우리는 이 사실을 잘 몰라도 영혼의 원수는 너무나도 잘 알고 있다. 이것이 그가 우리의 믿음을 주된 공격의 목표로 삼는 이유다. 존 뉴턴은 "우리가 예수님을 통한 구원을 구할 마음을 먹기 시작하는 순간부터 불신앙이 모든 불안감의 주된 원인

---

23. Calvin, *Institutes*, 3.20 (800).

으로 작용하기 시작한다."고 말했다. 그는 계속해서 이렇게 덧붙였다.

하나님의 말씀을 곧이곧대로 믿지 못하는 것을 단지 연약함으로 치부해서는 안 되고, 큰 죄로 여겨 깨어 기도하며 힘써 물리쳐야 한다. 그것은 참으로 큰 죄가 아닐 수 없다. 이 죄는 배교의 근간으로 다른 모든 죄가 그것에서 비롯한다. 이 죄는 겸손을 가장해 우리 같은 죄인이 진리의 하나님이 말씀하신 것을 믿는 것을 주제넘은 행위인 것처럼 생각하도록 우리를 속인다. 진지한 사람들 가운데 다른 죄들은 크게 괴로워하면서도 이 죄는 아무렇지 않게 여기는 이들이 너무나도 많다. 그들은 오히려 이 죄를 즐기면서 자신의 내면에 존재하는 증거와 표징을 통해 확실하게 증명되지 않는 한, 섣불리 믿어서는 안 된다고 생각한다.[24]

---

**24.** John Newton, "Thoughts on Faith and the Assurance of Faith," in *The Works of John Newton* (Edinburgh: Banner of Truth Trust, 1988), 6:468.

그러나 불신앙은 그리스 신화에 나오는 히드라처럼 많은 머리를 가지고 있다. 때로는 침착한 냉소주의자처럼 으스대고, 때로는 자기 연민에 빠져 훌쩍거린다. 그것의 가장 어두운 얼굴 가운데 하나는 실망감이다. 실망감은 종종 절망으로 귀결된다.

"절망 거인"이 "크리스천"과 "소망씨"를 의심의 성에 가둔 것을 기억하는가? 번연은 의심을 "그 두 사람에게 고약한 냄새를 풍기는" "매우 어두운 지하 감옥"으로 묘사했다. 그들은 나흘 동안 "안위를 묻는 사람은커녕 빵 한 조각, 물 한 방울, 빛 한 줄기 없는 상태에서" 어둠 속에 갇혀 지냈다. 크리스천은 "이중적인 슬픔"을 느껴야 했다. 거인은 그들을 곤봉으로 사정없이 두들겨 패면서 "칼이나 밧줄이나 독약으로 목숨을 끊어라. 너희가 삶을 선택한다면 큰 고초를 겪게 될 것이다."라고 조롱했다.

그러나 그들이 어떻게 그곳을 탈출했는지를 기억하라. 크리스천은 자신의 호주머니 속에서 "약속"이라는 열쇠를 발견했다. 곤경에 빠진 두 사람은 그 열쇠로 감옥의 모든 방문을 열고, 문빗장을 벗겨 내고 나서 마침내 자유를 얻었

다.[25]

## 일상의 삶이 중단될 때의 깨어 있음

일상의 삶이 중단될 때도 깨어 있음이 필요하다. 휴가, 여행, 친구들이나 사랑하는 사람들의 방문, 원하지 않은 질병, 시련, 상실 등이 여기에 포함된다. 그러나 긍정적인 일이든 부정적인 일이든 그런 일이 있을 때면, 삶의 균형을 잃고 경건 생활을 소홀히 함으로써 뜻하지 않은 유혹에 휘말릴 가능성이 있다.

그런 경험을 해본 적이 있는가? 규칙적으로 성경을 읽고 매일 기도를 드리고 몇 주나 몇 달 동안 계속해서 묵상하는 습관을 유지해 오다가, 휴일이 찾아와 집안에 손님들이 들이닥치면 일단 성경 읽기부터 대충 해버리기 일쑤다. 그러나 그러다 보면 자신도 의식하지 못하는 사이에 은밀히 기도하는 습관을 중단하게 되고, 그렇게 며칠 동안 흐트러

---

**25.** Bunyan, *Pilgrim's Progress*, 128-35.

진 삶을 살면서 배우자와 다투다 보면 "일이 왜 이 지경이 되었나?"라는 생각이 들 수밖에 없다.

번연은 곤고의 산으로 향하는 길 중간쯤에 있는 정자에 관한 이야기를 통해 이 유혹을 생생하게 묘사했다. 그 정자는 "산의 주인이 지친 여행자들의 휴식처로 만든 것"이지만 크리스천은 그만 잠이 들어 자신의 두루마리(즉 그의 확신)를 잃어버리고 말았다. 그는 나중에 "겁쟁이"와 "불신"을 만나고 나서야 자신의 잘못을 깨달았다. 그는 슬피 울면서 두루마리를 찾을 때까지 걸어온 길을 되짚어갔다. 그는 그 과정에서 죄의 잠에 빠진 것을 슬퍼하며 '오, 비참한 나여! 대낮에 잠을 자다니! 곤고의 산 한복판에서 잠들다니! 산의 주인이 순례자들에게 심신을 잠시 회복할 기회를 주려고 제공한 휴식을 통해 육신을 만족시키고 편안하게 하다니!'라고 탄식했다.[26]

크리스천의 잘못은 휴식을 취한 것이 아니라 남용한 것에 있었다. 이것이 많은 신자가 일상의 책임을 잠시 뒤로

---

26. Bunyan, *Pilgrim's Progress*, 43.

하고 휴식을 취할 때 걸려들기 쉬운 덫이다. 휴가가 영적 생활에까지 영향을 미치도록 방치하면 이내 큰 어려움을 겪을 수밖에 없다. 마틴 로이드 존스는 "영적 생활에 휴가와 같은 것은 없다."라고 말했다.[27]

크리스천과 정자에 관한 이야기의 후속 이야기도 매우 교훈적이다. 이 이야기는《천로역정》의 2부에 기록되어 있다. 크리스천의 아내, "크리스티아나"도 자기 남편처럼 정자에서 휴식을 취했다. 그녀도 남편처럼 "자신의 음료수병을 챙겨 오는 것을 잊은 탓에" 곤란을 겪어야 했다. 그녀의 동반자였던 "자비심"은 이렇게 말했다. "여기는 무언가를 잃어버리는 곳인가 봐요. 여기에서 크리스천 아저씨는 두루마리를 잃어버렸고, 크리스티아나 아주머니는 병을 잃어버렸네요. 선생님, 그 이유가 무엇일까요?"라고 말했다. 그러자 그들의 안내자인 "담대씨"는 이렇게 대답했다. "그 이유는 잠이나 건망증 때문입니다. 어떤 이들은 깨어 있어

---

27. D. Martyn Lloyd-Jones, *Preaching and Preachers* (Grand Rapids: Zondervan, 1972), 165.

야 할 때 잠을 자고, 기억해야 할 때 잊어버립니다. 이것이 일부 순례자들이 휴식처에서 무언가를 잃어버리는 이유이지요. 순례자들은 큰 기쁨 중에 받은 것들을 잘 기억하고, 주의 깊게 살펴야 합니다. 그렇게 하지 않으면 종종 기쁨이 슬픔으로 바뀌고, 밝은 햇빛이 구름에 가리고 말지요."[28]

따라서 곤고의 산을 오를 때나 정자에서 휴식을 취할 때는 경계를 게을리하지 않도록 주의해야 한다.

## 유혹을 당할 때의 깨어 있음

마지막으로, 유혹을 당할 때는 어떻게 깨어 경계해야 할까? 이것은 처음에 약간의 충동을 일으켰다가 쉽게 사라지는 일시적인 죄의 생각을 가리키지 않는다(물론, 그런 종류의 생각도 경계하는 것이 좋다).

여기에서 말하는 것은 달콤한 유혹의 미끼를 한입 슬쩍 깨물어 먹고, 그 맛을 좋아하게 되는 순간을 의미한다. 한

---

**28.** Bunyan, *Pilgrim's Progress*, 255 – 56.

입을 베어 무는 순간, 갑자기 좀 더 먹고 싶은 강렬하고 날카로운 욕망이 치솟으며, 의도적으로 죄를 짓고 싶은 강한 충동이 일어난다. 당신은 미끼를 물었고, 서서히 그것에 걸려 끌려가고 있다는 확연한 느낌이 든다. 당신의 현명한 판단과 하나님의 말씀과 성령을 통해 "안 돼"라는 속삭임이 들려온다. 그러나 우리의 욕망과 감정은 "괜찮아"라고 소리친다.

나는 지금 뜰에 서서 두려움으로 마구 두근대는 심장을 부둥켜안고 비겁한 배신행위를 저지를 찰나에 직면한 베드로와 같은 상황이나 옥상을 거닐다가 불같은 욕망에 사로잡혀 간음을 저지르고 싶은 충동에 이끌렸던 다윗과 같은 상황이나 반석 앞에서 분노에 못 이겨 화산이 폭발하듯 반항적인 감정을 불길처럼 뿜어내려고 했던 모세와 같은 상황을 염두에 두고 말하고 있다. 당신은 그런 상황에 직면하더라도 유혹을 피할 수 있을까?

오웬은 그럴 수 있다고 생각하고, 유혹받는 영혼을 진단하고 분석했을 뿐 아니라 유혹을 피하기 위해 깨어 기도하는 데 필요한 지침을 제시하기까지 했다. 그는 또한 이미 유혹의 마수에 사로잡힌 사람을 위한 조언도 아끼지 않았다. 그는 "유혹이 처음 모습을 드러냈을 때 그것을 미처 피하지 못하고, 스스로 의식하지 못하는 사이에 그 마수에 단단히 걸려들어 저항하기는 이미 늦었다고 가정해보자. 그런 상태에 처한 영혼이 유혹에 깊이 빠져들어 그 힘에 완전히 휩쓸리지 않으려면 어떻게 해야 할까?"라고 묻고, 유익하면서도 희망적인 방법 네 가지를 제시했다.[29]

첫째, 기도하라. 주님께 도움을 구하라. 지금 파도에 휩쓸려 깊이 가라앉을 찰나다. 물이 목까지 이르렀고, 숨을 쉬려고 헐떡이면서 연신 물을 들이켜는 판국이다. 호흡하기가 어렵다. 당신은 곧 가라앉을 것이다. 어떻게 해야 좋을까? 오웬은 "바울이 한 대로 하라. 유혹이 나에게서 떠나게 해달라고 하나님께 계속 간구하라."(고후 12:8)고 조언했다.[30] 베드로처럼 "주여 나를 구원하소서"라고 부르짖으라. 그러면 예수님이 손을 내밀어 건져주실 것이다(마 14:30-

---

**29.** Owen, *Of Temptation*, in *Works*, 6:131.

**30.** Owen, *Of Temptation*, in *Works*, 6:136.

31). 이것이 즉시 실천할 수 있는 첫 번째 방법이다. 기도하라. 모든 것을 멈추고, 지금 당장 기도하라.

둘째, 예수님께로 도망치라. 우리를 대신해 이미 유혹을 정복하신 예수님께로 도망치라.[31] 물론, 기도하는 것이 곧 예수님께로 도망치는 것이다. 그러나 유혹이 강하게 느껴질 때는 평범하게 기도하는 것으로는 충분하지 않다. 주님이 이미 우리를 대신해 유혹을 정복하셨다는 사실을 기억하고, 그분께 구체적이고 실질적인 도움을 간구하라. "그가 시험을 받아 고난을 당하셨은즉 시험 받는 자들을 능히 도우실 수 있느니라…우리에게 있는 대제사장은 우리의 연약함을 동정하지 못하실 이가 아니요 모든 일에 우리와 똑같이 시험을 받으신 이로되 죄는 없으시니라 그러므로 우리는 긍휼하심을 받고 때를 따라 돕는 은혜를 얻기 위하여 은혜의 보좌 앞에 담대히 나아갈 것이니라"(히 2:18; 4:15-16). 예수님이 우리의 본보기요 형제요 대장이자 왕으로서 먼

---

**31.** "유혹을 당할 때는 특별히 더욱 힘써 예수님께로 도망치라. 어려움에 봉착해 절박할 때는 주님께 구원해달라고 간구하라." Owen, *Of Temptation*, in *Works*, 6:136.

저 앞장서서 유혹을 받으셨다는 사실을 잊지 말라. 우리의 첫 번째 대표자였던 아담은 낙원에서 유혹을 받고, 굴복하고 말았다. 그러나 둘째 아담이요 우리의 궁극적인 대표자이신 예수님은 광야에서 유혹을 받으셨지만 승리하셨다. 우리의 영웅이요 용사이신 그리스도께서는 이미 골리앗을 제압하고, 그 목을 베셨다. 그는 뱀의 머리를 으깨셨다. 싸움에서 이미 승리를 거두었다. 그러니 지친 신자들이여, 정복자이신 우리의 왕께로 도망치라.

셋째, 주님이 구원을 베풀어 주시기를 기대하라. 주님은 이렇게 약속하셨다.[32] "사람이 감당할 시험 밖에는 너희가 당한 것이 없나니 오직 하나님은 미쁘사 너희가 감당하지 못할 시험 당함을 허락하지 아니하시고 시험 당할 즈음에 또한 피할 길을 내사 너희로 능히 감당하게 하시느니라"(고전 10:13). 주님이 약속을 이루어 주시기를 기대하라.

주님이 우리를 구원하시는 방법은 매우 다양하다.[33] "고

---

**32.** Owen, *Of Temptation*, in *Works*, 6:136.

**33.** Owen, *Of Temptation*, in *Works*, 6:137.

난 당하기 전에는 내가 그릇 행하였더니 이제는 주의 말씀을 지키나이다"(시 119:67)라는 말씀대로, 주님은 때로 우리의 죄의 입맛을 무디게 만들고, 말씀을 사모하는 마음을 되살리기 위해 고난이나 시련을 허락하신다. 주님은 또한 충분한 은혜를 주어 유혹을 감당하게도 하시고(고후 12:8-9; 약 1:12), 원수를 꾸짖어 도망치게도 하시며(슥 3:1-2; 약 4:7), 성령을 통해 새로운 위로를 주시고, 말씀을 통해 용기를 북돋아 우리를 소생시키기도 하신다. 사탄이 우리를 유혹하는 방법보다 주님이 우리를 구원하시는 방법이 더 많다. 성경은 "너희 안에 계신 이가 세상에 있는 자보다 크심이라"(요일 4:4)고 말한다.

마지막으로, 주님의 도우심을 받고 난 후에는 잘못된 것을 고치고,[34] 의의 좁은 길을 다시 기쁘게 걸어가야 한다. 유혹을 당하는 것 자체는 죄가 아니다. 죄의 유혹을 느끼는 것과 실제로 죄를 짓는 것은 전혀 다르다. 그러나 때로는 우리 자신의 잘못으로 인해 유혹을 당하기도 한다. 우리가

---

**34.** Owen, *Of Temptation*, in *Works*, 6:137.

유혹받는 이유는 하나님에게서 너무 멀리 벗어났거나 유혹의 영역에 너무 가깝게 다가갔기 때문이다. "시험을 당하지 않도록 깨어 기도하라"는 말씀은, 깨어 기도하는 것이 유혹을 방지하는 방책이라는 뜻이며, 유혹을 느끼는 것은 깨어 기도하지 않은 데 따르는 불가피한 결과라는 뜻이다. 따라서 깨어 기도하지 않은 것 자체가 곧 죄다.

그러므로 처음에 왜 그리고 어떻게 유혹에 빠졌는지를 파악하는 것이 중요하다. 큰 죄는 항상 작은 죄로부터 시작한다. 작위의 죄는 대개 부작위(태만)의 죄에서 비롯한다. 따라서 평소와는 달리 강한 유혹을 느낄 때는 지난 일을 되짚어봐야 한다. "하나님이여 나를 살피사 내 마음을 아시며 나를 시험하사 내 뜻을 아옵소서 내게 무슨 악한 행위가 있나 보시고 나를 영원한 길로 인도하소서"(시 139:23-24)라고 기도하라. 그러면 당신이 부주의했거나 기도를 게을리했거나 태만했다는 것을 깨닫게 될 것이다.

회개할 때는 유혹과 죄에서 돌이켜 그리스도께로 나아가야 한다. 그분은 유혹받는 자를 보존하시고, 죄를 지은 자를 회복시키신다(눅 22:31-32; 요 21장). 따라서 유혹을 당하거나 죄를 지었다면 그리스도께 도움을 구하라.

# 점검과 적용

1. 이번 장에서 다룬 깨어 있어야 하는 다양한 시기를 생각해보라. 지금 그런 시기를 거치고 있는가? 어떤 시기인가?

2. 아가서 5장 2-8절을 다시 읽고, 주님과의 교제를 소홀히 했던 때를 생각해보라. 그 결과는 어땠으며, 어떻게 다시 회복했는가? 윌리엄 거널은 영적 잠에 빠진 세 가지 징후를 설명했다. 지금 그런 징후들을 나타내고 있지는 않은가?

3. 유혹을 절대로 느끼지 않는 죄가 있는가? 유혹을 느끼지 않는다는 것 때문에 위험한 자신감을 드러낸 경험이 있는가?

4. 혼자 있는 시간을 어떻게 보내는가? 오웬은 혼자 있는 때가 최상의 시간이 될 수도 있고, 최악의 시간이 될 수도 있다고 말했다. 스스로의 행위를 살펴본 결과, 자신의 마음 상태가 어떻다고 생각하는가? 무엇을 변화시켜야 할 것 같은가?

5. 일상적인 삶이 잠시 중단되는 때를 어떻게 보내는가? 그럴 때면 규칙적인 성경 읽기와 기도의 습관이 흐트러지는가? 다음 휴가 때는 어떤 준비를 해야 할 것 같은가?

6. 어떤 유혹을 가장 빈번하게 느끼는가? 가장 최근에 유혹을 이기지 못했던 상황을 다시 생각해보라. 유혹의 순간에 어떻게 행동했는가? 다음에는 유혹이 느껴질 때 신속하게 기도하고, 또 다른 방식으로 그것에 대처할 수 있는 은혜를 허락해달라고 하나님께 기도하라.

# 5장
# 누가 : 교회 안의 깨어 있음

"주님이신 그리스도께서는 같은 교회나 공동체에 속한 지체들이 서로를 살피고, 또 몸 전체가 지체들을 살펴 그들의 덕을 세우도록 정하셨다…그런 관습이 많이 사라진 것은…기독교의 수치이자 몰락이 아닐 수 없다."

— 존 오웬의 《히브리서 강해》에서

《천로역정》에는 "경계"로 불리는 두 명의 등장인물이 나온다. 첫 번째 "경계"는 아름다운 궁전의 문지기이다. 아름다운 궁전은 "크리스천"이 천성을 향해 가는 길 위에 있는 숙박 장소다. 그곳은 "산의 주인이…순례자들의 휴식과 안전을 위해 지어놓았다." 크리스천은 곤고의 산을 오르고 난 뒤에 휴식을 취하며 원기를 회복할 장소가 필요했다. 문지기가 있는 궁전을 향해 가는 도중에 사나운 사자 두 마리와 마주친 크리스천은 두려워서 어찌할 바를 몰랐다. 그는 두려움에 질려 되돌아가고 싶은 유혹을 느꼈다. 그러나 "경계"는 크리스천이 머뭇거리는 것을 보고, 사자들은 사슬에 묶여 있으니 길 한가운데로 걸어가면 아무런 해도 받지 않을 것이라고 말하면서 앞으로 오라고 손짓했다. 크리스천은 "경계"의 조언에 따라 아무 탈 없이 사자들을 지나 아름다운 궁전에 도착하여 휴식을 취했다. 그는 그곳에서 "분별," "신중," "경건," "자애"라는 이름의 네 처녀로부터 자기의 상태를 점검받고, 격려의 말을 들으며 싸워나갈 채비를 갖추었다.[1]

두 번째 "경계"는 크리스천과 "소망씨"가 기쁨의 산에

---

**1.** See Bunyan, *Pilgrim's Progress*, 45 – 58. 번연은 이 장면을 이렇게 설명했다. "경계가 문지기로 있는 교회, 곧 분별이 멤버들의 입장을 승인하고, 신중이 그들을 감독하며, 경건이 예배를 인도하고, 자애가 멤버들이 서로를 사랑하도록 돕는 교회는 참으로 아름다울 것이 틀림없다."

이르렀을 때 만났던 네 명의 목자 가운데 하나다.[2] 목자들은 순례자들을 산으로 안내했고, 그곳에서 그들에게 "오류의 봉우리"라는 깎아지른 절벽을 보여주었다. 그 절벽 아래에는 이단들의 시체가 매장되지 않은 채 버려져 있었다. 그런 일이 있고 나서 그들은 다시 "신중의 봉우리"로 안내되었다. 목자들은 그들에게 먼 곳을 바라보라고 말했고, 그들은 빠져나갈 곳을 찾지 못한 채 무덤들 사이를 비틀거리며 헤매는 맹인을 발견했다. 그들은 또한 산비탈에 있는 문을 통해 연기와 흑암을 보았고, 불길이 맹렬하게 타오르는 소리를 들었으며, 역한 유황 냄새를 맡았다. 목자들은 그곳이 "지옥으로 향하는 샛길"이라고 설명했다. 이런저런 이유로 순례의 길을 포기한 위선자들이 가는 길이었다. 목자들은 다시 크리스천과 "소망씨"를 가장 높은 봉우리인 "청명한 봉우리"로 데리고 갔다. 그들은 그곳에서 망원경을 통해 천성의 어렴풋한 모습을 볼 수 있었다. 마지막으로 목

---

**2.** Bunyan, *Pilgrim's Progress*, 137. 다른 세 목자들은 지식, 경험, 신실이라는 이름을 갖고 있다.

자들은 그들에게 아첨꾼을 조심하고, "마법에 걸린 땅"에서 잠들지 않도록 주의하라고 당부하고 나서 다시 여정에 오르는 순례자들을 위해 성공을 빌었다.

번연은 이 두 이야기를 통해 교회에서 신자들을 살피고 감독하는 목사들의 중요한 역할을 강조했다. 목사들은 문지기처럼 신자들에게 담대하게 두려움에 맞서라고 독려하고, 거룩함에 이르는 안전한 길을 보여준다. 또한 목사들은 목자처럼 신자들이 오류를 식별하고, 신중하게 처신하고, 영원한 것을 바라보도록 도와준다. 《천로역정》은 신자들이 혼자서 순례의 길을 걷지 않는다는 사실을 가르쳐준다. "전도자"의 안내와 "충실씨"의 본보기와 "소망씨"의 동행이 없었다면 크리스천은 과연 어느 곳에 이르렀을까?

간단히 말해, 깨어 있음은 공동체의 과제다. 이 마지막 장의 주제는 교회에서의 깨어 있음이다. 먼저 목회적인 깨어 있음, 곧 양 떼를 살피고 감독하는 장로들과 목사들의 역할에 관한 성경의 가르침을 살펴보고, 그런 다음에는 상호적인 돌봄의 의무와 그것의 실천 방법을 차례로 생각해 보기로 하자.

## 목회적인 깨어 있음

목사들과 장로들은 신자들을 살피고 감독해야 할 책임이 있다. 이런 사실은 영적 지도자를 묘사하는 비유적 표현을 통해 분명하게 드러난다. 예를 들어, 바울이 에베소 교회의 장로들에게 당부한 말을 살펴보면 최소한 세 가지 비유적 표현이 사용된 것을 알 수 있다.

> "보라 내가 여러분 중에 왕래하며 하나님의 나라를 전파하였으나 이제는 여러분이 다 내 얼굴을 다시 보지 못할 줄 아노라 그러므로 오늘 여러분에게 증언하거니와 모든 사람의 피에 대하여 내가 깨끗하니 이는 내가 꺼리지 않고 하나님의 뜻을 다 여러분에게 전하였음이라 여러분은 자기를 위하여 또는 온 양 떼를 위하여 삼가라 성령이 그들 가운데 여러분을 감독자로 삼고 하나님이 자기 피로 사신 교회를 보살피게 하셨느니라 내가 떠난 후에 사나운 이리가 여러분에게 들어와서 그 양 떼를 아끼지 아니하며 또한 여러분 중에서도 제자들을 끌어 자기를 따르게 하려고 어그러진 말을 하는 사람들이

일어날 줄을 내가 아노라 그러므로 여러분이 일깨어 내가 삼
년이나 밤낮 쉬지 않고 눈물로 각 사람을 훈계하던 것을 기억
하라"(행 20:25-31).

우선 28절의 "감독자"*episkopos*는 가장 확실하고도 명백한
표현이다. 그리스 로마 세계에서 "감독자"라는 용어는 특
정 집단 내에서 후견인직이라는 명확한 기능을 수행했던
보호자에게 적용되었다.[3] 이 용어를 포함해 관련된 용어들
은 신약성경에서 하나님의 백성을 살피고, 보호하는 임무
를 위탁받은 영적 지도자들을 가리킬 때 흔히 사용되었다
(빌 1:1; 딤전 3:1-2; 딛 1:7; 벧전 5:2).

한편, 위의 본문에는 "목자"를 연상시키는 표현이 사용
되었다. 바울은 장로들에게 "온 양 떼를 위하여 삼가라…
교회를 보살피게 하셨느니라"라고 말했다. 목자가 양 떼를
보살피는 것처럼 장로들은 하나님의 백성을 보살펴야 한
다. 목자의 임무는 다양하다. 목자는 양들을 인도하고, 먹

---

**3.** Ardnt, Danker, and Bauer, *Greek-English Lexicon*, 379.

이고, 지키고, 다스리는 일을 한다. 목사들은 영적 지도력을 발휘하고, 말씀의 진리로 양들을 먹이며, 그들의 영혼을 살피고, 거짓 교사들의 악의적인 위협에 속지 말라고 주의를 일깨워주어야 한다. 베드로는 베드로전서 5장 2-4절에서 감독과 목자의 개념을 하나로 묶어 동료 장로들에게 "너희 중에 있는 하나님의 양 무리를 치되 억지로 하지 말고 하나님의 뜻을 따라 자원함으로 하며 더러운 이득을 위하여 하지 말고 기꺼이 하며 맡은 자들에게 주장하는 자세를 하지 말고 양 무리의 본이 되라 그리하면 목자장이 나타나실 때에 시들지 아니하는 영광의 관을 얻으리라"라고 권고했다.

바울도 구약성경에서 종종 사용된 "파수꾼"watchman의 개념을 적용해, 자기가 하나님의 나라를 신실하게 전파했고(행 20:25), 하나님의 뜻을 다 전했기 때문에(27절) 모든 사람의 피에 대하여 깨끗하다고 말했다(26절). 이런 표현은 에스겔서 3장 16-21절을 연상시킨다. 파수꾼이 성을 파수하면서 잠든 사람들에게 임박한 위험과 위협을 경고하는 임무를 수행했던 것처럼, 에스겔 선지자도 이스라엘 백성에게 하나님의 심판을 경고하는 임무를 담당했다.[4] 이런 표현들은 자기에게 위탁된 사람들의 영혼을 돌보는 것이 지도자가 하나님 앞에서 짊어져야 할 책임이라는 것을 분명하게 보여준다.

히브리서 13장 17절도 교회 지도자가 아닌 교회 회원들을 상대로 똑같은 것을 가르쳤다. "너희를 인도하는 자들에게 순종하고 복종하라 그들은 너희 영혼을 위하여 경성하기를 자신들이 청산할 자인 것 같이 하느니라 그들로 하여금 즐거움으로 이것을 하게 하고 근심으로 하게 하지 말

---

**4.** 에스겔 3장 16-21절에서 여호와의 말씀이 에스겔에게 임한다.

"칠 일 후에 여호와의 말씀이 내게 임하여 이르시되 인자야 내가 너를 이스라엘 족속의 파수꾼으로 세웠으니 너는 내 입의 말을 듣고 나를 대신하여 그들을 깨우치라 가령 내가 악인에게 말하기를 너는 꼭 죽으리라 할 때에 네가 깨우치지 아니하거나 말로 악인에게 일러서 그의 악한 길을 떠나 생명을 구원하게 하지 아니하면 그 악인은 그의 죄악 중에서 죽으려니와 내가 그의 피 값을 네 손에서 찾을 것이고 네가 악인을 깨우치되 그가 그의 악한 마음과 악한 행위에서 돌이키지 아니하면 그는 그의 죄악 중에서 죽으려니와 너는 네 생명을 보존하리라 또 의인이 그의 공의에서 돌이켜 악을 행할 때에는 이미 행한 그의 공의는 기억할 바 아니라 내가 그 앞에 거치는 것을 두면 그가 죽을지니 이는 네가 그를 깨우치지 않음이니라 그는 그의 죄 중에서 죽으려니와 그의 피 값은 내가 네 손에서 찾으리라 그러나 네가 그 의인을 깨우쳐 범죄하지 아니하게 함으로 그가 범죄하지 아니하면 정녕 살리니 이는 깨우침을 받음이며 너도 네 영혼을 보존하리라"(겔 3:16-21).

라 그렇지 않으면 너희에게 유익이 없느니라." 이런 성경 본문들을 종합해보면 목회적인 깨어 있음의 근거와 의무와 동기를 확실하게 알 수 있다.

목회적 깨어 있음의 근거는 성령께서 장로들을 그리스도의 피로 사신 하나님의 귀한 양 무리를 다스리는 감독자로 세우신 사실에 있다. 교회는 하나님이 지극히 사랑하시는 백성이다. 그들을 구원하기 위해 하나님은 크나큰 희생을 치르셔야 했다. 교회 지도자들은 이 점을 잊어서는 안된다.

영적 지도자의 의무는 이미 파수꾼의 개념 안에 암시되어 있다. 이 개념은 "그들은 너희 영혼을 위하여 경성하기를 자신들이 청산할 자인 것 같이 하느니라"라는 히브리서 13장 17절에 더욱 분명하게 드러나 있다. 목자들은 "목자장"(벧전 5:4)이신 그리스도께 책임을 져야 할 하위 목자들이다. 예수님은 자신을 세 번 부인한 베드로를 회복시키면서 "내 양을 먹이라"(요 21:17)고 말씀하셨다. 양은 예수님의 소유다. 교회는 목사가 아닌 그리스도의 소유다. 그분은 목숨을 아끼지 않을 정도로 교회를 사랑하셨다. 목사들은 그리스도를 대신해 그분의 백성을 보살펴야 하고, 그분 앞에서 책임을 져야 한다.

목사의 동기, 곧 목사가 다른 사람들의 영혼을 돌볼 때 지녀야 할 마음가짐은 두려움이나 죄책감이 아닌 기뻐하는 마음이어야 한다. "그들로 하여금 즐거움으로 이것을 하게 하고 근심으로 하게 하지 말라 그렇지 않으면 너희에게 유익이 없느니라"라는 히브리서 13장 17절의 가르침대로, 목사는 즐거운 마음으로 양들을 보살펴야 한다. 목사들은 즐거움으로 목회적인 깨어 있음의 의무를 감당함으로써 신자들이 그리스도 안에서 기쁨을 발견하도록 도와야 한다. 이것이 바울의 사역에서 발견되는 일관된 특징이었다. "우리가 너희 믿음을 주관하려는 것이 아니요 오직 너희 기쁨을 돕는 자가 되려 함이니 이는 너희가 믿음에 섰음이라"(고후 1:24). "그러므로 나의 사랑하고 사모하는 형제들, 나의 기쁨이요 면류관인 사랑하는 자들아 이와 같이 주 안에 서라"(빌 4:1). "우리의 소망이나 기쁨이나 자랑의 면류관이 무엇이냐 그가 강림하실 때 우리 주 예수 앞에 너희가 아니냐 너희는 우리의 영광이요 기쁨이니라"(살전 2:19-20).

교인들은 목사와 장로들이 행하는 돌봄의 사역에 기꺼이 복종함으로써 그들이 기쁨으로 그 일을 하도록 도와야 한다. 이것이 히브리서 13장 17절이 "너희를 인도하는 자들에게 순종하고 복종하라 그들은 너희 영혼을 위하여 경성하기를 자신들이 청산할 자인 것 같이 하느니라 그들로 하여금 즐거움으로 이것을 하게 하고 근심으로 하게 하지 말라 그렇지 않으면 너희에게 유익이 없느니라"라고 명령했던 이유 가운데 하나다. 신자들이여, 영적 지도자들이 행하는 말씀 사역에 사랑으로 복종해야만 그들의 사역을 통해 가장 큰 유익을 얻을 수 있다.

물론, 목회적 권위를 남용하거나 오용하는 일이 있어서는 안 된다. 목사와 장로들의 권위는 말씀 사역에서 비롯하는 권위다. 교인들은 그들의 경건한 본을 본받고, 그들이 베푸는 성경적인 가르침에 복종해야 할 의무가 있다. 그러나 장로들의 권위는 그리스도의 권위에 종속되며, 성경이 정한 한계를 지켜야 한다. 장로들은 양들의 목자이지만 그리스도를 섬기는 하위 목자요 그분의 말씀을 섬기는 종이다.

존 오웬은 갈라디아서와 히브리서에 언급된 목회적 돌봄의 사도적 본보기에 관심을 기울이라고 촉구했다. 두 서신의 수신 교회들은 복음의 단순함을 저버리게 하는 유혹의 위험에 직면한 상황이었다.[5] 오웬은 이렇게 말했다. "사도는 그들의 유혹을 알았고 그들의 위험을 감지했다. 따라서 그는 지혜와 다양한 논증과 훈계 및 정신을 일깨우는 책망으로 그들을 대했다. 그런 태도에서 사도의 보살핌과 자상함과 동정심과 사랑이 물씬 배어난다. 그런 상황에서 불같은 열정으로 교회를 염려하고 부드럽게 보살피려고 노력했던 것이야말로 사도의 정신적 태도가 탁월했다는 것을 보여주는 가장 확실한 증거가 아닐 수 없다."[6]

고린도후서 11장 2-3절을 통해서도 이 점을 분명하게 알 수 있다. "내가 하나님의 열심으로 너희를 위하여 열심을 내노니 내가 너희를 정결한 처녀로 한 남편인 그리스도께 드리려고 중매함이로다 그러나 나는 뱀이 그 간계로 하

---

**5.** Owen, *Hebrews*, in *Works*, 20:19.

**6.** Owen, *Hebrews*, in *Works*, 20:19.

와를 미혹한 것 같이 너희 마음이 그리스도를 향하는 진실함과 깨끗함에서 떠나 부패할까 두려워하노라." 여기에서 또 하나의 비유적 표현이 발견된다. 바울은 자기 자신을 신부의 아버지, 곧 신부인 교회를 신랑이신 그리스도께 인도하는 사람으로 묘사했다. 그러나 신부는 거룩한 신랑을 저버리도록 유도하는 유혹에 직면했다. 따라서 바울은 편지를 보내 교회를 훈계했고, 위험을 경계하라고 촉구했다. 그는 그리스도께 충실하라고 권고하고, 독려하고, 경고했다.

이것이 목회적인 깨어 있음이며, 목사, 장로, 목자, 돌봄 사역을 하는 지도자들을 비롯한 모든 사역자가 본받아야 할 것이다. 오웬은 "이런 돌봄과 깨어 있음 안에 사역의 혼과 생명이 담겨 있다. 이것들이 없다면 그 사역은 죽은 것이고, 한갓 형식에 지나지 않을 것이다."라고 말했다.[7] 이런 사실은 모든 신자에게 하나님이 지정하신 말씀 사역을 시행하는 교회가 필요하다는 점을 분명하게 일깨워준다.

---

**7.** Owen, *Hebrews*, in *Works*, 20:19.

## 상호적인 깨어 있음

깨어 있음의 책임은 장로와 감독자들에게만 국한되지 않는다. 그것은 교인들이 서로 감당해야 할 상호적인 책임이기도 하다. 거널은 "모든 신자는 자신의 형제를 지켜야 할 책임이 있다."고 말했다.[8]

이런 형제애의 의무가 성경에 분명하게 드러나 있다. 바울 사도는 "형제들아 사람이 만일 무슨 범죄한 일이 드러나거든 신령한 너희는 온유한 심령으로 그러한 자를 바로잡고 너 자신을 살펴보아 너도 시험을 받을까 두려워하라 너희가 짐을 서로 지라 그리하여 그리스도의 법을 성취하라"(갈 6:1-2)고 말했다. 바울이 권고할 때 얼마나 신중한 태도를 보였는지에 유의하라. 그는 사소한 이견이나 관심의 차이가 발생했을 때 형제를 훈계하라고 말하지 않았다. 그는 "무슨 범죄한 일이 드러났을 때"에 그렇게 하라고 말했다. 그렇게 할 때도 거친 태도가 아니라 "온유한 심령"으로

---

8. Gurnall, *Christian in Complete Armour*, 2:510.

해야 한다. 또한 동료 신자를 훈계하기 전에 먼저 우리 "자신을 살펴보아…시험을 받을까 두려워해야 한다." 예수님이 산상 설교에서 가르치신 대로 형제의 눈에서 티를 빼내기 전에 우리의 눈에서 들보를 먼저 빼내야 한다. 이 권고의 목적은 "그러한 자를 바로잡고"라는 말이 암시하는 대로 책망이 아닌 회복에 있다. 그것은 파괴적이고 부정적인 목적이 아닌, 건설적이고 긍정적인 목적을 지향한다.

이 명령에 순종하는 방법이 "신령한 너희는"이라는 문구에서 발견된다. 바울이 갈라디아서에서 가르친 내용을 문맥에 따라 살펴보면 "신령한"은 "믿음으로 말미암아 성령의 약속을 받고"(갈 3:14), 하나님이 그 아들의 영을 마음속에 보내주신 덕분에 그분을 향해 "아빠 아버지"라고 부르며(갈 4:6), "성령을 따라 난"(갈 4:29) 신자들을 묘사하는 용어라는 것을 알 수 있다. 아울러 "신령한 너희"는 "성령을 따라 행하며"(갈 5:16), "육체의 일"(갈 5:19)이 아닌 "성령의 열매"(갈 5:22-23, "사랑과 희락과 화평과 오래 참음과 자비와 양선과 충성과 온유와 절제")를 맺는 사람을 가리킨다. 바울은 갈라디아서 6장 1-2절의 바로 앞 구절에서도 "만일 우리가 성령으로 살면 또한 성령으로 행할지니 헛된 영광을 구하여 서로 노엽게 하거나 서로 투기하지 말지니라"(갈 5:25-26)라고 말했다. 따라서 이 구절은 육신에 이끌려 다른 신자들을 무차별하게 비난하는 행위를 용납하지 않는다(그런 일은 분쟁이 발생한 교회에서 종종 발견된다). 오히려 이 구절은 성령의 인도에 따라 성숙한 태도와 형제의 사랑으로 서로를 보살피라는 의미를 지닌다.

나는 젊었을 때 목회 사역을 시작하기 전에 몇 년 동안 순회 사역팀에 참여해 이곳저곳을 돌아다니며 활동한 적이 있다. 내가 맡은 일 가운데 하나는 예배가 진행되는 동안에 지정된 기도실에서 기도를 드리는 것이었다. 나는 기도를 열심히 하려고 했지만 나와 함께 기도하기로 예정된 팀원들이 계속해서 모습을 보이지 않자 차츰 화가 나기 시작했다. 나는 그들에게 나의 불만을 토로하기까지 했다. 다른 사람들의 눈에 있는 티를 보는 사이에 내 눈에 들보가 튀어나와 있었다. 나의 의와 분노가 도를 넘어서자, 사역팀 리더가 나의 기도 사역을 중단시키고, 나의 교만을 꾸짖으며, 말씀 사역을 통해 가르침을 받으라고 권고했다. 그러자

성령께서 나의 그릇된 마음을 바로잡아 주시기 시작했다.[9]

갈라디아서 본문이 상호적인 깨어 있음의 적절한 배경과 지침을 제시했다면, 히브리서 본문은 똑같은 주제를 좀 더 긴박한 어조로 다루고 있다. "형제들아 너희는 삼가 혹 너희 중에 누가 믿지 아니하는 악한 마음을 품고 살아 계신 하나님에게서 떨어질까 조심할 것이요 오직 오늘이라 일컫는 동안에 매일 피차 권면하여 너희 중에 누구든지 죄의 유혹으로 완고하게 되지 않도록 하라"(3:12-13). 이 구절은 상호적인 깨어 있음이 필요한 이유(즉 불신앙과 죄의 속임수로 마음이 완악해질 위험)를 보여준다.[10]

존 오웬도 교회에서의 상호적인 깨어 있음의 필요성을 강조했다. 그는 "신자들의 상호적인 돌봄"이라는 설교에서 "교회의 깨어 있음"을 "모든 지체가 사랑의 원리에 따라 제각기 자신의 분량대로 자기 자신과 다른 사람들 안에서 은혜가 더욱 왕성해지도록 노력하는 사역"으로 정의했

---

**9.** 나를 책망했던 형제는 현재 목사로 사역 중이고, 나의 가장 친한 친구 가운데 하나가 되었다.

**10.** 또한 2장에서 이 구절에 대해 언급한 내용을 보라.

다.[11] 오웬은 우리가 사랑으로 서로 연합한 것을 그런 깨어 있음의 근거로 제시했다. 그는 고린도전서 12장을 토대로 "신자들이 한 몸의 지체이기 때문에 물리적인 육체의 지체들이 하는 것과 똑같이 다른 지체들을 영적으로 보살펴야 한다"는 점을 상기시켜주었다.[12]

이 깨어 있음의 목적은 세 가지다. 즉, "모든 신자의 일시적인 유익, 영적 유익, 영원한 유익"을 위해서다. 오웬에 따르면 일시적인 유익은 가난한 자들의 필요를 채워주는 것을 의미하며, 영적 유익은 "깨어 있음을 통해 악을 예방하고, 악에서 구원받아 은혜를 증대하고 굳게 하는 것"을 의미한다.[13] 우리는 개인적인 본과 상호적인 권고를 통해 이 목적을 추구해야 한다.

문제는 우리가 상호적인 깨어 있음과 권고를 시행하는 데 필요한 세 가지, 곧 사랑, 능력, "자기 자신의 불신앙

---

**11.** Owen, "The Mutual Care of Believers over One Another," in *Works*, 16:477–78.

**12.** Owen, "Mutual Care," in *Works*, 16:478.

**13.** Owen, "Mutual Care," in *Works*, 16:479.

을 의식하는 거룩한 의식"을 갖추고 있지 못할 때가 많다는 것이다.[14] 서로에 대한 참된 사랑, 성경에 근거한 관계의 기술(능력), 자기 자신의 마음을 살피려는 노력이 없으면 상호적인 깨어 있음을 효과적으로 이행할 수 없다. 오웬은 "오직 하나님의 은혜만이 그런 것들을 가능하게 한다. 그런 것들을 갖추지 못하면 상호적인 깨어 있음이 불가능하다. 그런 것들을 갖추기 위해 노력하는 일은 상호적인 깨어 있음에서 큰 비중을 차지한다."라고 말했다.[15]

그렇다면 상호적인 깨어 있음의 구체적인 방법은 무엇일까? 어떤 방법이 상호적인 깨어 있음의 의무를 이행하는 데 도움이 될까? 그러기 위한 세 가지 방법, 즉 대화, 권고, 서로 돌아봄을 생각해보자.

### 대화

대화란 서로에게 말을 하는 것이다. 바울이 에베소서 4

---

**14.** Owen, "Mutual Care," in *Works*, 16:479.

**15.** Owen, "Mutual Care," in *Works*, 16:479 – 80.

장 15절에서 말한 대로, 그리스도의 몸은 "사랑 안에서 참된 것을 말함으로써" 성장한다(개역개정판 성경은 "참된 것을 하여"로 번역했다. 킹 제임스 성경, 신국제역 성경 등을 참조하라—역자주). 성경에는 "서로…하라"는 명령이 많이 나온다. 여기에는 우리가 다른 신자들에게 하는 말이 포함된다. "그리스도의 말씀이 너희 속에 풍성히 거하여 모든 지혜로 피차 가르치며 권면하고 시와 찬송과 신령한 노래를 부르며 감사하는 마음으로 하나님을 찬양하고"(골 3:16). "그러므로 너희 죄를 서로 고백하며 병이 낫기를 위하여 서로 기도하라 의인의 간구는 역사하는 힘이 큼이니라"(약 5:16). "그러므로 이러한 말로 서로 위로하라"(살전 4:18).

청교도는 이를 "의논"이라는 용어로 일컬었다. 이것은 동료 신자들과 의도적으로 경건한 대화를 나누는 행위를 가리킨다.[16] 리처드 로저스는 《Seven Treaties》(일곱 가지 권면)에서 이것을 경건을 추구하는 수단 가운데 포함시켰고, 토머

---

**16.** See Joanne J. Jung, *Godly Conversations: Rediscovering the Puritan Practice of Conference* (Grand Rapids: Reformation Heritage Books, 2011).

스 왓슨은 《거룩한 두려움》에서 경건한 대화가 무엇인지를 자세히 설명했다.

그리스도인들은 함께 모였을 때 거룩한 의논을 나누어야 한다…성경에서 말할 내용을 충분히 얻을 수 있지 않은가? 몇 가지를 제안하면 다음과 같다. 함께 모였을 때, 성경의 약속에 관해 말하라. 어떤 꿀도 성경의 약속에서 떨어지는 꿀보다 더 달콤하지 못할 것이다. 성경의 약속은 믿음의 지지대요 기쁨의 원천이며, 성도의 왕립 헌장royal charter(개인이나 단체에게 수여하는 영국 왕의 특허장―역자주)이다. 천국의 시민이라면 당연히 자신의 왕립 헌장에 관해 말해야 하지 않겠는가?

그리스도의 보배로우심에 관해 말하라. 그분은 지극히 아름답고 사랑스러우시다. 그분은 자기의 피를 흘려 우리를 구속하기 위한 대가를 치르셨다. 당신을 구속하신 친구가 있다면 당연히 그분에 대해 말해야 하지 않겠는가?

죄에 관해 말하라. 그것이 얼마나 치명적인 악인지를 논의하라.

거룩함의 아름다움에 관해 말하라. 그것은 영혼의 자수刺繡로

서 하나님과 천사들이 사랑하는 찬란한 광채를 영혼 안에 가
득 채워준다.

자신의 영혼에 관해 말하라. 영혼이 건강한지 논의하라.

죽음과 영원에 관해 말하라. 천국에 속했다면 당연히 자신
의 본향에 관해 말해야 하지 않겠는가?[17]

《천로역정》에서도 "해석자"와 크리스천의 대화, 아름다
운 궁전의 문지기와 처녀들과의 대화, 길동무들과의 대화
등, 대화의 사례가 많이 나온다. 예를 들어, 크리스천과 "소
망씨"는 "마법에 걸린 땅"에서 잠을 쫓으려고 영적 문제들
에 관해 대화를 나누었다. 크리스천은 "소망씨"에게 "이곳
에서 잠들지 않기 위해 선한 대화를 나눕시다."라고 말했
다.[18] 다른 신자들과의 경건한 대화는 깨어 경계하는 마음
을 유지하기 위한 가장 중요한 전략 가운데 하나다.

---

**17.** Thomas Watson, *The Great Gain of Godliness* (Edinburgh: Banner of
Truth Trust, 2006), 62, 69 - 70.

**18.** Bunyan, *Pilgrim's Progress*, 158.

## 권고

상호적인 깨어 있음의 두 번째 방법은 권고다. 바울은 "내 형제들아 너희가 스스로 선함이 가득하고 모든 지식이 차서 능히 서로 권하는 자임을 나도 확신하노라"(롬 15:14)라고 말했다. "권하다"는 헬라어 "누데테오"*noutheteō*를 번역한 것으로, "부적절한 행위를 피하거나 중단하라고 조언하는 것"을 의미한다.[19] 다시 말해, 이 용어는 가르치고 경고한다는 의미를 지닌다.

오웬은 《존 오웬의 그리스도인의 교제 의무》라는 책에서 권고와 깨어 있음을 연관시켰다(구체적 사항은 《존 오웬의 그리스도인의 교제 의무》를 참고하라). 이 책은 교인들이 목사와 동료 신자들에게 이행해야 할 성경적인 의무들을 다룬다. "깨어 서로의 삶을 살피고, 그릇된 행동에 관해서는 서로 권고하고, 죄를 지은 사람이 권고를 듣지 않거든 교회 앞에서 책임을 지게 하라."는 것은 오웬이 제시한 규칙 가운데 하나

---

19. Ardnt, Danker, and Bauer, *Greek-English Lexicon*, 679.

## 권고할 때 고려해야 할 여덟 가지 규칙

존 오웬은 《존 오웬의 그리스도인의 교제 의무》에서 모든 신자에게 "신중함과 지혜와 온유와 절제"로 동료 신자들을 권고해야 할 필요성을 일깨워줌과 동시에, 신자들이 동료 신자들을 권고할 때 고려해야 할 여덟 가지 규칙을 제시했다.

1. 무슨 권고를 하든지 고린도전서 13장 7절과 갈라디아서 6장 1-5절에서 발견되는 사랑의 규칙을 어기지 말라.

2. 자신의 눈에 있는 들보(마 7:5)를 빼내려고 항상 노력함으로써 양심의 평화를 유지하라.

3. 오직 하나님을 영화롭게 하고, 책망받는 형제를 유익하게 할 목적으로 권고하라. 시기심이나 악의에 이끌리지 않도록 주의하라.

4. 성경에 근거해 권고함으로써 하나님의 권위를 드러내라. 성경에 근거하지 않는 권고는 자제하라.

5. 시기, 장소, 사람들 등 권고의 외적 환경을 주의 깊게 헤아려 불필요한 감정의 자극을 피하라.

6. 권고가 그리스도께서 특별히 중요하게 여기시는 의무라는 것을 잊지 말라.

7. 권고자 자신에게 개인적으로 피해를 준 행위(이 경우는 책망보다는 용서가 더 필요하다)와 공적인 추문을 일으킨 행위를 신중하게 구별하라.

8. 자신도 그와 똑같거나 비슷한 잘못을 저지르지 않았는지 스스로 살피고, 형제의 사랑으로 권고하라.[a]

---

a. John Owen, *Rules for Walking in Fellowship* (Grand Rapids: Reformation Heritage Books, 2014), 84–85; see also Owen, *Eshcol: A Cluster of the Fruit of Canaan*, in *Works*, 13:84–85.

였다.[20]

오웬은 "여기에는 세 가지 의무가 포함된다. 즉 깨어 경
계하기, 권고(이 규칙의 핵심), (필요한 경우에는) 권징이다."라고
말했다.[21] 이 의무에는 교회의 권징이라는 공식적인 측면
도 포함되고, 또한 상호적인 권고를 통해 형제애를 실천하
는 비공식적인 측면도 포함된다(후자도 전자 못지않게 중요하다).

오웬은 이 의무의 형제애적 차원을 논의하면서 "신자라
면 누구나, 자기와 교제를 나누는 다른 신자들 가운데 누구
든지 그릇된 행동을 하는 것을 보거든 말씀으로 복음에 합
당하게 행하라고 권하고, 그것을 통해 그의 영혼을 올바른
길로 인도해야 할 의무가 있다."라고 말했다.[22]

---

**20.** John Owen, *Rules for Walking in Fellowship* (Grand Rapids: Reformation Heritage Books, 2014), 81. 이 책은 David G. Whitla가 현대어로 편집한 판본이다. 원본을 보려면, see Owen, *Eshcol: A Cluster of the Fruit of Canaan*, in *Works*, 13:83.

**21.** Owen, *Rules for Walking*, 83. See also *Eshcol*, in *Works*, 13:84.

**22.** Owen, *Rules for walking*, 84. See also *Eshcol*, in *Works*, 13:84.

**서로 돌아봄**

상호적인 깨어 있음의 세 번째 방법은 서로 돌아보는 것이다. 이 표현은 히브리서 10장 24-25절에서 발견된다. "서로 돌아보아 사랑과 선행을 격려하며 모이기를 폐하는 어떤 사람들의 습관과 같이 하지 말고 오직 권하여 그 날이 가까움을 볼수록 더욱 그리하자." "돌아보아"의 목적어, 곧 우리가 돌아보아야 할 대상은 "서로"이다. 서로를 돌아보는 이유는 "사랑과 선행을 격려"하기 위해서다. 그렇게 하려면 동료 신자들의 성장을 도우려는 목적으로 그들을 세심히 살펴야 한다. 그런 관계에서는 영적 우정이 상호적인 깨어 있음과 영적 성장의 수단이 된다.

내가 이 책에서 종종 인용했던 맥체인이 그런 우정을 보여준 본보기였다. 앤드류 보나르는 상호적인 깨어 있음과 관련해 맥체인이 알렉산더 섬머빌과 나누었던 우정을 다음과 같이 묘사했다.

섬머빌은…그가 어렸을 적에 함께 어울렸던 친한 친구다. 그도 그즈음에 내세의 능력을 맛보게 된 상태였기 때문에 서로의 행복을 위해 함께 노력했다. 그들은 함께 만나 성경을 공부하고, 70인역 헬라어 성경과 히브리어 원어 성경을 연구하고, 더 자주는 함께 기도하며, 진지한 대화를 나누었다. 그들은 한마음으로 공부를 했고, 좁은 길을 걷고 있는 서로의 발걸음을 주의 깊게 지켜보았다.[23]

"그들은 서로의 행복을 위해 함께 노력했고," "좁은 길을 걷고 있는 서로의 발걸음을 주의 깊게 지켜보았다." "서로 돌아보아 사랑과 선행을 격려하는 것"은 바로 이런 것이다. 이것이 기독교적 우정의 핵심이요 상호적인 깨어 있음의 비결이다.

## 깨어 있음과 교회

이번 장의 요점은 교회의 필요성이다. 깨어 있음은 혼자서 하는 카드놀이와는 다르다. 깨어 있음은 혼자서 하는 훈련

---

**23.** Bonar, *Memoir & Remains*, 12.

이 아니다.

다른 사람이 없으면 우리 자신을 효과적으로 돌아볼 수 없다. 우리의 영혼을 지켜보는 목사를 비롯해, 경건한 대화를 통해 영적 잠에 빠지지 않도록 격려하고 우리의 눈을 예수님께 고정하도록 권고해줄 형제자매가 필요하다. 천국을 향한 순례의 길을 함께 걸어갈 동반자와의 영적 우정이 필요하다.

# 점검과 적용

1. 깨어 있음은 공동체적 과제다. 이 말에 동의하는가? 동의 여부와 그 이유를 밝히라.

2. 성경은 몇 가지 비유적 표현을 사용해 영적 지도자를 묘사한다. 그런 비유적 표현에는 무엇이 있고, 성경은 목사와 장로들이 교회 안에서 감당하는 역할에 관해 어떻게 말하는가?

3. 목사라면 부록 2("목사의 자기 성찰")를 읽고, 자신의 삶과 사역을 정직하게 평가할 수 있도록 도와달라고 주님께 기도하라. 목사가 아니라면 당신의 목사를 위해 기도하라.

4. 갈라디아서 6장 1-2절에 묘사된 영적 회복이 필요한 경험이 있었는가? 있다면 그때의 경험을 되돌아보라. 무슨 일이 있었고, 주님이 어떻게 다시 회복시켜주셨는가?

5. 오웬이 제시한 권고의 규칙을 읽어보라. 그런 규칙을 따르면 동료 신자들과의 관계가 어떻게 향상될 것 같은가?

6. 누가 당신의 깨어 있음을 도와주고 있는가? 영적 우정을 나눌 대상이 없다면 그런 친구를 허락해달라고 주님께 기도하라.

동료 교인이나 교제 모임이나 단체에서 이 책을 함께 읽으며 각 장의 질문들을 논의하는 시간을 가져보라.

# 맺는 글

이제 이 책을 마무리할 때가 되었다. 그러나 우리의 깨어 있음은 끝나지 않는다. 우리의 경주는 아직 진행 중이고, 우리의 여정은 여전히 계속되고 있다. 그리스도께서 다시 와서 우리를 본향으로 데려가시기 전까지, 이 싸움은 멈추지 않는다. 우리의 육체가 안식을 누리고 우리의 영혼이 영광 중에 깨어나야만 비로소 깨어 있음이 끝난다.

나는 이 책에서, 그리스도께서 사탄을 정복하고 인간의 마음을 재탈환하시는 과정을 풍유적 기법으로 묘사한 존 번연의 《거룩한 전쟁》을 자주 인용했다. 그 책의 마지막 장을 보면 임마누엘 왕자가 정해진 날에 사람들을 모아놓고,

강력하고 감동적인 연설을 전하는 광경이 나온다. 그는 자기가 맨소울 성 사람들을 진정으로 사랑하고 있고, 그들을 선택하고 구속해 자기와 화목하게 했다고 말했다. 그러고 나서 은혜로운 왕자는 디아볼루스를 물리치고, 자기 아버지를 위해 맨소울 성을 회복하기까지의 과정을 설명하고, 성 안에 많은 장군들과 군인들을 배치하고, "경외씨"를 세워 맨소울 성을 복구하는 임무를 맡겼다고 말했다.

또한 임마누엘 왕자는 맨소울 성의 영광스러운 미래, 곧 그 성을 자기 아버지의 나라로 옮겨 하나님이 거하시는 거룩한 장소요 은혜의 기념비이자 경이로움의 증거가 되게 하겠다고 말했다. 그것이 맨소울 성이 건설된 본래의 목적이었다. 그날이 오면 사악한 디아볼루스 일당이 완전히 제거될 것이다. 임마누엘 왕자는 사람들이 왕의 도성에서 구속받은 사람들의 무리와 합류해 자기 아버지가 그들을 위해 예비한 보물을 누릴 것이라고 약속했다.

왕의 아들은 맨소울 성 사람들에게 현재의 의무를 일깨워주었다. 그들은 왕자가 제공한 샘물에 흰옷을 자주 빨아 깨끗하게 유지하고, 그의 사랑을 항상 기억해야 했다. 그들은 그가 자기들을 위해 살다가 죽었다는 것과 그가 살아 있기 때문에 자기들도 살 것이라는 사실을 잊어서는 안 되었다. 임마누엘 왕자는 죄 외에는 그 무엇도 그들을 해치거나 원수 앞에서 넘어지게 하거나 자기를 근심하게 할 것이 없을 것이라고 분명하게 말했다. 따라서 그들은 죄를 짓지 않도록 주의하고, 원수들을 대적하며, 임마누엘 왕자가 세운 장군들과 그의 긍휼을 존귀하게 여겨야 했다.[1] 임마누엘 왕자는 연설이 절정에 이른 순간에 간절하면서도 감동적인 어조로 맨소울 성 사람들에게 이렇게 호소했다.

오, 나의 맨소울 백성들이여, 내가 너희를 사랑한다는 것을 잊지 말라. 깨어 경계하고, 힘써 싸우고, 기도하며, 원수들을 대적하라고 가르친 것처럼 이제 너희에게 명하노니 내가 항상 너희를 사랑한다는 것을 잊지 말기 바란다. 오, 나의 맨소울 백성들이여, 나는 너희를 마음 깊이 사랑한다. 깨어 경계하라. 보라, 너희에게 이미 있는 것 외에 다른 짐을 지우지 않

---

1. Bunyan, *Holy War*, 280 - 86.

노라. 내가 올 때까지 항상 충실하라.[2]

이것이 우리에게 필요한 깨어 있음이다. 원수는 시시때때로 우리를 공격하고 괴롭히지만, 그리스도께서는 우리를 극진히 사랑하신다. 그분은 우리에게 자신의 확고부동한 사랑을 의지하고 소중히 여기면서, 늘 깨어 싸우며 기도하라고 명령하셨다. 사랑하는 신자들이여, 우리의 삶을 살피고, 우리의 마음을 지키자. 우리 자신을 한 번 바라볼 때마다, 우리를 위해 살고 죽었다가 다시 살아나신 그리스도를 열 번 바라보자.

---

2. Bunyan, *Holy War*, 286.

# 맥체인의 "개인적 개혁"

그즈음에 그는 스스로 참고하기 위해, 고치고 바꾸어야 할 것들을 살펴 기록해 두었다. 나는 그 내용을 모두 여기에 추가했다. 자기 자신의 영혼을 살핀 그의 글은 너무나도 세밀하고 솔직하다. 그는 하나님의 거룩한 율법을 어긴 행위를 예리하게 파헤쳤다. 우리도 그런 정신으로 우리의 자기 통제력을 시험해보는 법을 배웠으면 좋겠다. 우리 자신의 무능력함을 철저히 깨닫고 수천 가지 형태를 띠고 나타나는 내주하는 죄를 발견해야만, 비로소 그리스도의 제자가 되어 그분의 발 앞에 앉아 만유이신 그분을 기쁘게 받아들일 수 있다. 그런 순간에 우리는 "이제서야 나는 비로소 제자가 되기 시작했다."고 말한 이그나티우스의 정신을 본받을 수 있다.

맥체인은 자신의 마음과 삶을 점검한 내용에 "개혁"이라는 제목을 붙였다. 그 내용은 이렇게 시작한다.

지난날의 죄를 고백하고 인도하심과 은혜와 확고한 마음의 결의를 간절히 구함으로써, 자기 자신과 가족들에 대한 태도와 신앙의 개혁을 시작하는 것이 이 시대를 살아가는 사역자들의 의무다. 말라기 3장 3절은 "그가…레위 자손을 깨끗하게 하되"라고 말한다. 사역자들은 이 목적을 수행할 수 있는 시간과 기회를 마련해야 한다.

## 개인적 개혁

나는 그리스도의 피로 양심을 깨끗하게 씻고, 항상 성령으로 충만하며, 마음과 의지와 뜻을 다해 그리스도의 형상을 최대한 많이 본받아야만(구원받은 죄인은 이 세상에서 그런 상태에 도달할 수 있다) 현재를 사는 동안 가장 큰 행복을 누릴 수 있고,

하나님을 영화롭게 하고, 사람들을 유익하게 할 수 있으며, 장차 영원한 세상에서 가장 온전한 상급을 받을 수 있다고 확신한다.

나는 어떤 순간이든 어떤 상황이든, 외부로부터 그 누군가에게서 나온 것이든 내면으로부터 내 마음에서 나온 것이든, 그 무엇이라도 이것과 모순된다면(즉, 피로 씻은 양심을 유지하고 성령으로 온전히 충만하고 범사에 그리스도의 형상을 닮는 것이 나의 현재의 행복, 영원한 행복, 하나님의 영광, 나의 유용성에 도움이 되지 않는다고 속삭인다면), 그것은 하나님의 원수요 나의 영혼과 선한 모든 것의 원수, 곧 모든 피조물 가운데서 가장 어리석고 사악하고 비참한 존재인 마귀의 음성이라고 확신한다. "도둑질한 물이 달고"(잠 9:17)라는 말씀을 참조하라.

1. 양심을 깨끗하게 유지하려면 죄를 더 많이 고백해야 한다. 죄라는 것을 아는 순간에 즉시 고백해야 한다. 누구와 함께 있을 때나 공부할 때나 심지어 말씀을 전할 때도 죄를 혐오해야 한다. 죄를 고백하지 않은 채로 의무를 이행하면 양심이 무거워지고, 죄에 죄를 더하게 된다. 하루 중 가

장 좋은 시간, 즉 아침 식사 이후와 차를 마신 후에 그전 시간 동안 지은 죄를 진지하게 고백하고, 온전한 용서를 구해야 한다.

마귀는 종종 죄의 고백을 이용해 고백한 죄를 다시 새롭게 충동질하기 때문에 고백한 것을 깊이 생각하기가 두렵다. 이 점에 관해서는 경험이 많은 그리스도인들에게 물어봐야 할 듯하다. 지금으로서는 죄의 고백을 이처럼 끔찍하게 잘못 사용하는 일이 없도록 분투해야 한다. 고백을 남용하면 마귀에게 빌미를 주고 마귀는 나를 겁주어 더 이상 고백하지 못하게 하려고 획책할 것이다. 모든 방법을 동원해 내 죄의 사악함을 살피고, 나 자신이 정죄받은 아담의 후손, 곧 모태 안에서부터 하나님을 거스르는 본성을 타고난 존재라는 것을 기억해야 한다(시 51편). 나는 태어날 때부터 죽을 때까지 일평생 모든 생각과 말과 행위를 오염시키는 사악한 마음을 소유하고 있다. 나는 다윗과 바울의 경우처럼 젊은 시절에 지은 죄, 회심 이전에 지은 죄, 회심 이후에 지은 죄, 빛과 지식과 사랑과 은혜와 성삼위 하나님을 거스른 죄를 자주 고백해야 한다. 나의 죄를 거룩한 율법의 빛, 하나님의 얼굴에서 나오는 빛, 십자가의 빛, 심판대의 빛, 지옥의 빛, 영원의 빛에 비춰봐야 한다. 나의 꿈, 떠오르는 생각들, 나의 성향, 자주 되풀이하는 행동, 원수들의 비난과 책망, 친구들의 조롱을 면밀하게 살펴 나를 지배하는 죄의 흔적, 곧 고백해야 할 문제를 찾아내야 한다. 한 달에 한 번 고백의 날을 정해 놓고 금식해야 한다. 죄를 상기시키는 많은 성경 구절에 표시해두어야 한다. 나 자신과 가정과 교구와 교회와 국가에 미친 재난의 섭리와 가정적인 시련과 육체의 고난을, 죄를 고백하라는 하나님의 경고로 받아들여야 한다. 다른 사람들의 죄와 고난도 그런 의미로 받아들여야 한다. 주일 저녁, 특히 성찬을 거행하는 주일 저녁에는 특별히 주의를 기울여 거룩한 것들을 더럽힌 죄를 고백해야 한다. 고백 자체를 통해 저지른 죄, 곧 그 불완전함과 죄악된 목표와 자기의 성향과 같은 죄를 회개해야 하고, 자신을 희생시켜 나의 죄를 온전하게 고백하신 그리스도를 바라봐야 한다.

죄를 지을 때마다 그리스도께 나가 용서를 구해야 한다. 나는 몸을 씻을 때는 구석구석을 살펴 깨끗하게 씻는다. 그런데 영혼을 씻을 때 어떻게 주의를 덜 기울일 수 있겠는가? 내가 지은 죄 하나하나 때문에 예수님의 등에 난 채찍 자국을 기억해야 한다. 나의 죄로 인해 지옥에서 영원히 당할 고통과 똑같은 무한한 고통을 예수님의 영혼이 고스란히 감당하셨다는 것을 잊어서는 안 된다. 그리스도께서 보혈을 흘리심으로써 나의 모든 죗값이 온전히 청산되고도 남았다. 그리스도께서는 무한한 정의가 요구하는 대로 남김없이 고난을 받으셨고, 그로써 무한한 속전이 치러졌다.

죄를 지었을 때는 즉시 예수님께 나아가기가 꺼려진다. 그렇게 하기가 부끄럽다. 나가봤자 소용없을 것 같고, 그리스도를 죄의 사역자로 만드는 듯한 생각이 들고, 돼지 여물통에서 곧바로 가장 훌륭한 예복으로 바뀌는 것 같은 느낌이 드는 등, 온갖 변명거리가 생각난다. 그러나 나는 그 모든 것이 지옥에서 온 거짓이라고 확신한다. 요한은 "만일 누가 죄를 범하여도 아버지 앞에서 우리에게 대언자가 있으니"라고 말했다(요일 2:1). 또한 예레미야서 3장 1절을 비롯해 수많은 성경 구절이 그런 거짓을 논박한다. 주 예수 그리스도께로 곧바로 나아가지 않으면 죄로부터 안전할 수도 없고, 평화를 누릴 수도 없다. 이것이 하나님이 정하신 평화와 거룩함의 길이다. 세상과 어두운 심령이 볼 때는 어리석어 보일 테지만 이것이 유일한 길이다.

아무리 작은 죄라도 즉시 그리스도의 보혈을 의지해 처리해야 한다. 선한 양심을 저버리면 믿음이 파선한다. 나의 죄가 아무리 크고 심하고 뻔뻔할지라도, 기도할 때든 말씀을 전할 때든, 또 죽음을 눈앞에 둔 상태든 위험한 질병을 앓고 있을 때든 언제라도 그리스도께로 달아날 수 있다. 내가 지은 죄의 무게는 시계추와 비슷하다. 시계추가 무거울수록 시계가 더 빠르게 가는 것처럼 내 죄가 클수록 그리스도께 더 빨리 달려갈 수 있다.

그리스도의 보혈로 내 죄를 씻어야 할 뿐 아니라 그분의 순종을 덧입어야 한다. 내가 저지른 부작위의 죄가 그리스도의 온전한 순종을 통해 덮어지고, 내가 저지른 작위의 죄가 그리스도의 상처와 채찍 자국은 물론, 나를 대신한 완전한 순종을 통해 사면된다. 그로써 율법의 저주는 사라지고, 그 요구가 충족되어 율법이 존중받는다.

그리스도에 관한 교리는 아무것도 새로운 것이 없고, 너무 잘 알려져 진부하게 보일 때가 많아 그것을 무시하고, 무언가를 더 찾기 위해 성경을 뒤적거리고 싶은 유혹을 느끼곤 한다. 이것은 마귀의 새빨간 거짓말이다. 그리스도께서는 우리에게 항상 새롭고, 영광스러우시다. "측량할 수 없는 그리스도의 풍성함"이라는 말씀대로, 그분은 죄를 지은 영혼이 의지할 수 있는 유일한 존재요 무한한 대상이시다. 이사야서 45장과 로마서 3장과 같이 나의 눈먼 영혼을 그리스도께로 인도해줄 성경 말씀을 많이 알고 있어야 한다.

2. 성령으로 충만하려면 나의 연약함을 더욱 깊이 깨달아야 한다. 로마서 7장과 요한복음 15장과 같이 내가 무력한 벌레라는 사실을 깨우쳐주는 성경 구절을 많이 찾아 묵상해야 한다.

내가 이제 확고부동한 그리스도인이 되었다는 것, 곧 내가 이런저런 정욕을 오랫동안 잘 극복해 왔고, 은혜의 습관에 익숙해졌기 때문에 두려워할 것이 없다고 생각하려는 유혹을 느낀다. 내 경우는 다른 사람들보다 그런 유혹이 더 강렬하게 느껴질 수 있다. 이것도 사탄의 거짓말이다. 화약에 불이 붙게 하지 않으려면 습관을 통해 불에 저항하는 힘을 길러야 한다. 화약이 젖어 있으면 불이 붙지 않지만 말라 있으면 불이 닿는 순간에 즉시 폭발한다. 성령께서 내 마음속에 거하시며 나를 죄에 대해 죽은 자로 만드시면 죄가 유혹을 통해 아무리 강력하게 역사하더라도 그리스도께서 위기를 잘 넘기도록 도와주실 것이다. 그러나 성령께서 나를 떠나시면 나는 바싹 마른 화약과 같다. 이 사실을 꼭 기억하라.

폭음, 불경한 말 등, 내가 선천적으로 별다른 흥미를 느끼지 못하는 죄가 있기 때문에 그런 죄에 대한 유혹은 두려워하지 않아도 된다고 생각하려는 유혹을 느낀다. 이것도 사탄의 거짓말, 곧 교만하고 주제넘은 거짓말이다. 모든 죄의 씨앗이 내 마음속에 있다. 내가 스스로 의식하지 않는 죄가 더욱 위험하다.

죄인이면 항상 그래야 하는 것처럼 나의 전적인 무능력과 연약함을 뼈저리게 의식할 수 있도록 열심히 애쓰고 기도해야 한다. 인간의 마음속에 있는 모든 욕망과 관련해 나는 전에도 그랬지만 앞으로도 항상 무력하기만 할 것이다. 나는 하나님 앞에서 벌레요 짐승이다. 나는 이 사실을 생각하고 종종 두려워한다. 내 안에 있는 모든 힘을 부인하는 것이 안전하지 않은 것처럼, 곧 가장 사악하고 추잡한 죄로부터 나를 회복시켜줄 것이 내 안에 아무것도 존재하지 않는다고 생각하는 것(이것은 사실이다)이 위험한 것처럼 느껴질 때가 많다. 이것은 마귀의 미혹이다. 나의 무력함을 알고 느끼고 고백하는 것만이 전능자의 팔을 의지함으로써 나를 안전하게 지킬 수 있는 유일한 길이다…죄가 나의 마음에서 근절되기를 매일 기도한다. '어찌하여 하나님은 내 마음속에 음욕과 교만과 분노와 같은 죄악의 뿌리를 남겨 놓으셨을까? 왜 하나님은 그것을 깨끗하게 제거해 주지 않으셨을까?' 나는 이런 질문과 관련해 납득할 만한 많은 대답을 알고 있지만 만족스러운 답으로 느껴지지 않는다. 이것은 잘못이다. 죄의 존재를 혐오하는 것은 옳지만 "믿음의 선한 싸움"을 불평하는 것은 옳지 않다…신자들이 죄를 짓는 것을 보면 두려운 생각이 든다. 나는 그들이 죄 짓는 것을 보거나 그런 소식을 들으면 기도할 용기도 사라지고, 두렵고 걱정스럽다. 이것도 잘못이기는 마찬가지다.

다른 신자들이 죄짓는 것을 보고 두려워하며 나의 무능력함을 깨우치는 교훈으로 삼는 것은 옳지만 그것을 계기로 삼아 그리스도께 더욱 가까이 나가지 않으면 아무런 소용이 없다…나의 전적인 무능력함을 더욱 깊이 의식하면 다른 사람들의 죄에 관한 소식을 듣더라도 크게 놀라지 않을 것이다…내가 가장 저지르기 쉬운 죄들, 곧 정욕은 회오리바람처럼 되고 나는 지푸라기처럼 되게 만드는 죄들을 깊이 살펴야 한다. 그 어떤 표현으로도 죄의 격류를 버텨낼 힘이 내게 전혀 없다는 사실을 적절하게 묘사하기가 어렵다…그리스도의 전능하신 능력에 대해 좀 더 깊이 알아야 한다. 히브리서 7장 25절, 데살로니가전서 5장 23절, 로마서 6장 14절, 5장 9-10절과 같은 성경 말씀을 항상 기억해야 한다. 바울의 가시(고후 12장)를 나도 내 삶 속에서 많이 경험한다…죄로부터의 해방을 도와주는 보조적인 수단들이 많다. 그런 수단들을 무시해서는 안 된다. 예를 들면, 결혼하기(고전 7:2), 죄를 피하기(딤전 6:11; 고전 6:18), 깨어 기도하기(마 26:41), "기록되었으되"와 같은 말씀이다. 그리스도는 그런 식으로 유혹을 물리치셨다(마 4장)…그러나 가장 중요한 방어책은 연약한 어린아이처럼 그리스도의 품 안에 안겨 성령 충만하게 해달라고 간구하는 것이다. "세상을 이기는 승리는 이것이니 우리의 믿음이니라"라는 말씀은 참으로 놀랍다(요일 5:4).

살아 계신 구원자이신 그리스도를 좀 더 깊이 알아야 한다. 그분은 목자로서 자기가 찾은 양들을 이끄시고, 왕으로서 자기가 구원한 영혼들을 다스리시며, 대장으로서 "나와 싸우는 자들과 싸우신다"(시 35:1). 그분은 혈과 육을 지닌 인간으로서는 극복하기가 불가능한 모든 유혹과 시련을 극복할 수 있도록 도와주신다.

'이 분이 우리를 어떻게 구원하실 수 있을까? 어떻게 하늘에 계시는 그리스도께서 내 안에서 요동치는 정욕과 나를 에워싼 그물로부터 나를 구원하실 수 있을까?'라는 의심이 들 때가 많다. 이 의심도 거짓의 아비가 부추긴 것이다. 성경은 예수님이 "자기를 힘입어 하나님께 나아가는 자들을 온전히 구원하실 수 있으니"(히 7:25)라고 말한다.

중보자이신 그리스도를 알아야 한다. 그분은 큰 유혹을 당하게 될 베드로를 위해 간절히 기도하셨다. 나는 그분의 홍배 위에 간직되어 있다. 만일 그리스도께서 옆방에서 나를 위해 기도하시는 소리를 들을 수 있다면 원수들이 아무리 많아도 두렵지 않을 것이다. 그러나 그 거리가 멀든 가깝든 아무 상관 없다. 그분은 지금도 나를 위해 기도하고 계신다.

위로자이신 주님을 알아야 한다. 그분의 신성과 사랑과 전능하심을 알아야 한다. 나는 요한복음 14장 16절의 말씀대로, 위로자이신 주님을 묵상하는 것보다 나를 더 거룩하게 하는 것은 없다는 사실을 경험으로 알게 되었다. 그러나 나는 묵상을 얼마나 게을리하는지 모른다. 사탄이 나를 방해한다. 나는 "성령께서 계신지 계시지 않은지 잘 모르겠다."고 말하는 사람과 같을 때가 많다…삼위일체 하나님 가운데 세 번째 위격께서 내 육체 안에 거하고 계신다는 사실을 결코 잊어서는 안 된다. 그런 생각을 하면서 죄짓는 것을 두려워해야 한다(고전 6장)…죄가 성령을 근심하게 하고 분노하게 하며, 그분을 소멸하는 결과를 낳는다는 것을 잊어서는 안 된다…내가 성령으로 충만하다면 마땅히 성경을 더 많이 읽고, 더 많이 기도하고, 더 많이 깨어 있어야 한다.

3. 그리스도의 형상을 온전히 닮으려면 그것에서 비롯하는 행복을 지극히 귀하게 여겨야 한다. 나는 하나님의 행복이 그분의 거룩하심과 떼려야 뗄 수 없는 관계를 맺고 있다고 확신한다. 거룩함과 행복의 관계는 빛과 열의 관계와 같다. 하나님은 죄의 쾌락을 조금도 알지 못하신다.

그리스도께서도 나처럼 육체를 지니셨지만 죄의 쾌락을 조금도 알지 못하셨다. 장차 구원받은 자들도 영원히 죄의 쾌락을 알지 못한 채 살면서 완전한 행복을 누릴 것이다. 이 순간부터 그들처럼 된다면 나는 가장 큰 행복을 누릴 것이다. 죄는 무엇이든 나의 가장 큰 즐거움과는 아무런 상관이 없다…마귀는 이것을 잊어버리거나 믿지 못하게 하려고 밤낮으로 애쓴다. 그는 "왜 솔로몬이나 다윗만큼 이 쾌락을 즐기지 않는 것이냐? 그렇게 해도 천국에 갈 수 있다."고 말한다. 이 말은 거짓이다. 나는 가서 다시 죄를 짓지 않는 것이 나의 참된 행복이라고 믿는다.

죄와의 이별을 지체해서는 안 된다. 지금은 하나님의 때이므로 신속히 하고 지체하지 말아야 한다(시 119:60 참조)… 죄를 더 봐주어서는 안 된다. 내가 오랫동안 그것을 연약함으로 치부해 왔기 때문이다. 갑자기 모든 것을 바꾸면 사람들이 이상하게 여길 것이라는 생각은 사탄의 끔찍한 속임수가 아닐 수 없다.

무엇이든 죄라고 생각되면 그 즉시 온 영혼을 일깨워 대적하고, 성경 읽기, 성령을 구하는 특별한 기도, 금식, 깨어 경계하기 등, 성경적인 방법을 모두 동원해 그것을 죽여 없애야 한다.

내가 실족했던 때를 꼼꼼히 표시해두어 그런 순간이 찾아오면 그것이 곧 죄라고 생각하고 서둘러 피해야 한다.

사탄은 실제로 죄는 짓지 않고 유혹에만 최대한 가까이 접근하도록 유도할 때가 많다. 이것은 하나님을 시험하고, 성령을 근심하시게 하는 두려운 일이 아닐 수 없다. 이것은 사탄의 신중한 계략이다.

"그의 길을 피하고 지나가지 말며 돌이켜 떠나갈지어다"(잠 4:15)라는 말씀대로 모든 유혹을 피해야 한다. 부단히 내 마음을 하나님께 쏟으며 그리스도를 온전히 닮고, 내 마음에 모든 율법을 새겨달라고 기도해야 한다…늘 진지하게 내 마음을 하나님께 드리며, 나의 모든 것을 그분의 영원하신 팔에 맡기고, "내가 나의 영을 주의 손에 부탁하나이다"(시 31:5)라고 기도하며, "숨은 허물이나 고의로 짓는 죄가 나를 주장하지 못하게 하시고, 제게 그리스도 안에 있는 모든 은혜를 구원받은 죄인이 최대한 받을 수 있을 만큼 죽을 때까지 항상 풍성하게 채워주소서."라고 간구해야 한다.

거룩한 세상, 곧 기쁨도 거룩하고, 일도 거룩하고, 모든 것이 거룩한 천국을 종종 묵상해야 한다. 개인적인 거룩함이 없이는 나는 결코 그곳에 갈 수 없다…하나님은 악한 모양이라도 버리라고 명령하신다. 사탄은 모양과 현실을 결합하는 재주가 매우 탁월하다.

어떤 죄는 입으로 말하기만 해도, 내 생각을 더럽히고, 유혹을 느끼게 한다. 하나님은 성도들에게 악인들이 은밀히 행하는 것들은 입 밖에도 내지 말라고 명령하셨다. 나는 그런 일을 피해야 한다.

하와, 다윗, 아간은 모두 안목의 정욕 때문에 죄를 지었다. 나는 나와 언약을 맺고, "내 눈을 돌이켜 허탄한 것을 보지 말게 하소서"라고 기도해야 한다…사탄은 회개하지 않은 사람을 복음의 소리를 듣지 못하는 귀머거리 독사처럼 만든다. 나는 성령을 통해 나를 죄로 유혹하는 모든 소리를 듣지 못하는 귀머거리가 되게 해달라고 기도해야 한다.

내가 가장 자주 유혹을 느끼는 것 가운데 하나는 이것이다. 곧 나는 내가 맡은 직임에 필요하다는 이유로 어떤 것에 귀를 기울이거나 그것에 대해 말하거나 그것을 면밀하게 살핀다. 그때까지는 별다른 이상이 없다. 그러나 나는 그런 경우도 사탄의 개입이 이루어질 수 있다고 생각한다. 따라서 그것이 나의 사역에 어느 정도나 좋고, 나의 영혼에 어느 정도나 해를 끼치는지를 판단하게 해줄 하나님의 인도하심을 구해야 한다. 만일 후자의 경우일 것 같으면 피해야 한다.

"은혜 안에서 자라라," "주여 우리에게 믿음을 더하소서," "뒤에 있는 것은 잊어버리고"와 같은 말씀들이 암시하는 대로, 성장하지 않으면 아무것도 나의 영혼 안에서 왕성하게 번성할 수 없다. 나에게 모자란 은혜가 무엇인지, 어떻게 해야 그리스도를 더 닮을 수 있는지 하나님과 사람들에게 물어봐야 한다…순결함, 겸손, 온유, 고난 중의 인내, 사랑이 더욱 많아지도록 노력해야 한다. "모든 일에 그리스도처럼 되게 하시고, 나를 성령으로 충만하게 하소서."라고 항상 기도해야 한다.

## 은밀한 기도를 통한 개인적 개혁

기도의 요소(죄의 고백, 찬양, 감사, 간구, 중보) 가운데 어느 하나도 빠뜨려서는 안 된다.

하나님과 그분의 율법을 경홀히 여기고, 나의 마음과 지난 삶을 신중히 살피지 못하는 탓에 죄의 고백을 빠뜨리는 경향이 있어 두렵다. 그렇게 되지 않도록 주의해야 한다. 찬양을 빠뜨리는 경향도 항상 존재한다. 내가 지금 누구에게 기도하고 있는지를 잊고, 여호와 하나님의 엄위로운 이름과 성품을 기억하지도 않고, 그분의 영광을 우러르거나 그분의 기이하심을 찬미하지도 않은 채 성급하고 경솔하게 그분 앞에 나아갈 때가 많다. "지혜 있는 자가 어디 있느냐"라는 탄식이 절로 새어 나온다. 감사를 빠뜨리는 것도 나의 타고난 마음의 성향이다. 감사는 성경이 특별히 명령한 것이다(빌 4:6). 이 밖에도 나는 마음이 이기적일 때는 다른 사람들의 구원에 무관심한 채 중보 기도를 빠뜨리곤 한다. 그러나 이것은 가슴에 항상 이스라엘의 이름을 간직하고 있는 위대한 중보자이신 주님의 정신에 어긋난다.

물론, 기도를 드릴 때마다 이 모든 요소를 다 갖출 필요는 없다. 그러나 하루를 지나는 동안 개개의 요소를 꼭 한 번은 기도에 포함시켜야 한다.

아침에 일어나 누구를 만나기 전에 기도를 먼저 해야 한다. 늦잠을 자거나 다른 사람들을 일찍 만나거나, 가족 기도를 하고 아침을 먹고 오전에 방문자들을 맞이하다 보면 열한 시나 열두 시가 돼서야 은밀한 기도를 시작할 때가 많다. 이것은 바람직하지도 않고, 성경적이지도 않다. 그리스도께서는 날이 밝기 전에 일어나 한적한 곳으로 가셨다. 다윗은 "내가 아침 일찍 주께 구하오리니…아침에 주께서 나의 소리를 들으시리니"라고 말했다. 막달라 마리아는 어두운 새벽에 예수님의 무덤에 갔다. 일찍이 기도를 하지 않으면, 가족 기도가 능력과 은혜를 잃고, 또 내게 조언을 구하러 온 사람들에게도 아무런 유익을 끼칠 수 없다. 그런 탓에 양심이 가책을 느끼고, 영혼이 굶주린다. 등불의 심지를 다듬어 놓지 않은 꼴이다. 그런 상태로 은밀한 기도를 드리면 영혼이 제대로 기능하지 않을 때가 많다. 하나님과 함께 하루를 시작하는 것, 곧 그분의 얼굴을 가장 먼저 뵙고, 나의 영혼이 다른 사람을 가까이하기 전에 그분을 먼저 가까이하는 것이 훨씬 더 낫다고 생각한다. "내가 깰 때에도 여전히 주와 함께 있나이다."

만일 늦잠을 잤거나 아침 일찍 외출을 하는 등, 어떤 문제로 시간이 촉박한 경우에는 기도를 아예 포기하는 것보다는 서둘러 옷을 입고 몇 분이라고 하나님과 단둘이 있는 시간을 가지는 것이 최선이다.

일반적으로 다른 일을 하기 전에 최소한 한 시간 동안 하나님과 함께 시간을 보내는 것이 최선이다. 한편, 몇 분이나 몇 시간을 혼자 지냈다는 것만으로 하나님과 교통했다고 생각하지 않도록 주의해야 한다. 몇 시간 동안 성경을 유심히 읽고, 무릎을 꿇고 기도를 했더라도 하나님과의 교통이 거의, 또는 전혀 이루어지지 않았을 수도 있다. 혼자 있는 시간이 오히려 가장 큰 유혹의 시간이 될 때가 많다.

또한 가족과 지인들과 친척들과 친구들을 위해 매일 중보 기도를 드려야 한다. 나의 양 떼(곧 신자들), 각성한 자들, 부주의한 자들, 병든 자들, 유족들, 가난한 자들, 부자들, 장로들, 주일학교 교사들, 학교 교사들, 어린아이들, 전도팀을 위한 중보 기도도 빠뜨려서는 안 된다. 주일 설교, 성경공부, 병문안, 가정 심방, 갖가지 섭리, 성례 등, 모든 일에 축복이 임하기를 기도해야 한다. 이 밖에도 마을 전체와 스코틀랜드 교회와 모든 충실한 사역자들과 사역자가 없는 교회들과 신학교 학생들을 위해 매일 간단하게 기도하고, 사랑하는 형제들의 이름을 불러가며 기도하고, 유대인과 이방인들에게 복음을 전하는 선교사들을 위해 기도해야 한다. 이를 위해 선교 보고서를 정기적으로 읽음으로써 세계 곳곳에서 어떤 일들이 이루어지고 있는지를 파악해야 한다. 세상을 생각하면 지도를 펼쳐 놓고 기도하지 않을 수 없다. 기도 계획을 세우고, 선교사들의 이름을 지도에 표기해두어야 한다. 토요일 아침과 저녁 7-8시 사이에 위에서 언급한 일들을 위해 전체적으로 기도해야 한다. 다른 요일에는 다른 일들을 위해 기도할 수 있다. 가족과 양들을 위해서는 매일 기도해야 한다. "모든 일에 기도와 간구로, 너희 구할 것을 감사함으로 하나님께 아뢰라"라는 말씀대로 모든 일을 위해 기도해야 한다. 나는 종종 설교를 부탁하는 편지를 받는다. 그럴 때면 하나님의 뜻을 묻지도 않고 선뜻 대답할 때가 많다. 사람들이 나를 찾아와서 무언가를 부탁하는 경우는 더 많다. 그때도 나는 하나님의 인도하심을 구하지 않는다. 병자를 심방할 때도 하나님의 축복이 있어야만 유익을 끼칠 수 있는데도 축복을 구하지 않고 성급하게 심방에 나설 때가 많다. 기도 없이 아무것도 해서는 안 된다. 가능하면 특별하고, 은밀한 기도를 드려야 한다.

스코틀랜드 교회의 역사를 읽으면 교회의 고난과 시련이, 영혼들을 구원하고 그리스도를 영화롭게 하는 일과 밀접하게 관련되어 있었다는 것을 알 수 있다. 교회를 위해 지금보다 훨씬 더 많이 기도해야 한다. 중요한 사역자들의 이름을 불러가며 기도해야 한다. 내가 그리스도를 따르는 길에서 벗어나 그릇 치우치지 않도록 올바른 길로 분명하게 인도해달라고 기도해야 한다. "언약도들"(수장령을 거부한 스코틀랜드의 비국교도—역자주)의 합법성과 같은 어려운 문제들, 곧 내가 대답할 준비를 충분히 갖추지 못한 문제들이 우리에게 제기될 수 있다. 평화로울 때는, 시련의 때가 닥쳤을 때 올바른 길로 인도해달라고 더욱 열심히 기도해야 한다. 하루의 가장 좋은 시간을 하나님과 교제를 나누는 데 할애해야 한다. 이것이 나의 가장 고귀하고 유익한 사역이다. 이 사역을 뒷전으로 미루면 안 된다. 오전 6-8시 사이가 가장 방해를 덜 받는 시간이다. 졸지 않으려면 그 시간을 이용해야 한다. 아침 식사를 마친 후에는 간단히 중보 기도를 드려야 한다. 차와 간식을 먹고 난 이후의 시간이 가장 좋다. 가능하면 그 시간을 하나님께 엄숙히 바쳐야 한다.

잠을 자기 전에 기도하는 좋은 옛 습관을 포기해서는 안 된다. 그러나 졸지 않도록 주의해야 한다. 구해야 할 기도 제목을 미리 생각해두는 것이 가장 좋은 예방책이다. 한밤중에 잠이 깼을 때는 다윗과 존 웰쉬가 했던 대로 일어나 기도해야 한다.

매일 은밀한 시간을 갖고 최소한 성경을 세 장 읽어야 한다.

주일 아침에는 주중에 읽은 성경의 장들과 특히 표시해 둔 구절들을 모두 살펴봐야 한다. 서로 다른 세 곳의 말씀을 읽어야 하고, 주제별로, 인물별로 읽어야 한다.

맥체인은 이 글을 다 끝마치지 못한 것이 분명하다. 지금 그는 주님을 얼굴과 얼굴을 대하여 보고 있고 주님이 그를 아신 것 같이 온전히 알 것이다(고전 13:12 참조).

## 부록 2

# 목사의 자기 성찰

바울은 에베소 교회의 장로들에게 양 떼를 살피라고 명령하면서 그들 자신도 함께 살피라고 당부했다. "여러분은 자기를 위하여 또는 온 양 떼를 위하여 삼가라 성령이 그들 가운데 여러분을 감독자로 삼고 하나님이 자기 피로 사신 교회를 보살피게 하셨느니라"(행 20:28). 그는 또한 젊은 디모데에게 "네가 네 자신과 가르침을 살펴 이 일을 계속하라 이것을 행함으로 네 자신과 네게 듣는 자를 구원하리라… 그러나 너는 모든 일에 신중하여 고난을 받으며 전도자의 일을 하며 네 직무를 다하라"(딤전 4:16; 딤후 4:5)고 말했다.

　찰스 스펄전은 《목회자 후보생들에게》에서 이것을 "목

사의 자기 성찰"로 일컬었다. 그는 모든 장인들이 자신의 도구를 최선의 상태로 유지한다는 일반적인 관찰을 토대로 "어떤 점에서 우리의 도구는 우리 자신이다. 따라서 우리 자신을 최선의 상태로 유지해야 한다."고 말했다.[1]

도끼날은 틈틈이 날카롭게 갈아두지 않으면 날이 금세 무뎌진다. 음악가가 자신의 악기를 잘 조율해두지 않으면 화음이 아닌 불협화음을 낼 수밖에 없다. 우리도 마찬가지다. 우리의 도덕적 감각을 예리하게 유지하고 우리의 마음을 하나님께 순응시키지 않으면, 사역의 날이 무뎌지고 사역을 방해하는 소음을 일으킬 수밖에 없다.

이 점을 맥체인보다 더 웅변적으로 말한 사람은 아무도 없다. 그는 댄 에드워즈에게 보낸 편지에서 이렇게 말했다.

속사람, 곧 마음을 갈고 닦는 것을 잊지 마십시오. 기병 장교는 자기의 칼을 깨끗하고 날카롭게 유지하기 위해 얼마나 부

**1.** C. H. Spurgeon, *Lectures to My Students* (Pasadena, Tex.: Pilgrim Publications, 1990), 1.

지런한지 모릅니다. 그는 세심한 주의를 기울여 모든 녹을 말끔하게 벗겨 냅니다. 자신이 하나님의 칼, 곧 그분의 도구라는 사실을 기억하기 바랍니다. 나는 당신이 하나님이 그분의 이름을 전하기 위해 택하신 그릇이라고 신뢰합니다. 도구의 순결함과 완전함에 따라 성공이 크게 좌우됩니다. 하나님이 축복하시는 것은 뛰어난 재능이 아니라 예수님의 형상을 닮는 것입니다. 거룩한 사역자는 하나님의 손에 들린 강력한 무기입니다.[2]

스펄전도 맥체인의 말을 인용했다. 그는 자신의 책에서 이런 성찰의 요소들을 개괄했다.

첫째, 목사는 구원받은 사람이어야 한다.[3] 스펄전은 "회심하지 않은 사람이 복음의 설교자가 되는 것은 참으로 두려운 일이다."라고 말했다.[4] 그는 리처드 백스터가 목사들

---

**2.** Robert Murray M'Cheyne to Dan Edwards, October 2, 1840, in Bonar, *Memoir & Remains*, 282.

**3.** Spurgeon, *Lectures to My Students*, 3.

**4.** Spurgeon, *Lectures to My Students*, 4.

에게 엄숙하게 경고한 말을 인용했다.

여러분이 다른 사람들에게 전하는 하나님의 구원의 은혜를 여러분 자신이 받아 누리지 못하고, 여러분이 전하는 복음의 효과적인 사역과 무관한 사람이 되지 않도록 주의하라. 구세주의 필요성을 선언하면서 정작 자기 자신은 마음으로 그분을 무시하고, 그분과 그분의 구원의 은혜에 아무런 관심을 기울이지 않는 일이 없도록 주의하라. 다른 사람들에게는 멸망하지 않도록 조심하라고 경고하면서 스스로는 멸망하는 일이 없도록 주의하고, 다른 사람들에게는 영적 양식을 제공하면서 여러분 자신은 굶주리는 일이 없도록 조심하라.[5]

둘째, 목사는 경건해야 한다.[6] 목사는 믿음의 초보자가 아닌 성숙한 신자이어야 한다. "생명력 넘치는 경건함의 맥박이 규칙적으로 강하게 약동해야 한다. 믿음의 눈은 밝

---

**5.** Richard Baxter, *The Reformed Pastor* (Edinburgh: Banner of Truth, 1999), 53, as quoted in Spurgeon, *Lectures to My Students*, 6–7.

**6.** Spurgeon, *Lectures to My Students*, 7.

게 빛나고, 의지의 발은 굳세어야 하며, 활동의 손은 빨라야 하고, 속사람은 더할 나위 없이 건강해야 한다."[7] 바울이 디모데에게 말한 대로, 모든 사역자는 "말과 행실과 사랑과 믿음과 정절에 있어서 믿는 자에게 본이 되어야" 한다(딤전 4:12).

맥체인은 번스에게 보낸 편지에서 건강한 영혼을 유지하는 방법을 상기시켜주었다. 그는 "자신을 주의 깊게 살펴야 합니다. 자신의 영혼을 가장 먼저, 가장 세심하게 돌봐야 합니다. 육체가 건강해야 힘 있게 일할 수 있다는 것을 잘 아실 것입니다. 영혼의 건강은 그보다 훨씬 더 중요합니다. 어린 양의 피로 양심을 깨끗하게 유지해야 합니다. 범사에 그분의 형상을 닮으려고 노력해야 합니다. 성경을 읽을 때는 먼저 자신의 성장을 위해 읽고, 그런 다음에 양들을 위해 읽으십시오."[8] 영혼을 건강하게 유지하는 비결은 그리스도의 피로 양심을 씻고, 하나님과 친밀한 교제를

---

**7.** Spurgeon, *Lectures to My Students*, 8.

**8.** Robert Murray M'Cheyne to Rev. W. C. Burns, March 22, 1839, in Bonar, *Memoir & Remains*, 216-17.

나누며, 그리스도를 본받고, 성경을 사랑하는 것이다. 신학적인 훈련을 아무리 많이 쌓고, 의사소통의 능력이 아무리 뛰어나고, 지도력이 아무리 훌륭해도 개인적인 경건을 대체할 수는 없다.

존 오웬도 이 점을 강조했다. 그는 목사들에게 "자신이 전하는 진리의 능력을 자신의 영혼 안에서 직접 경험하는 것이" 필요하다는 점을 상기시켜주었다.[9] 진리를 아는 것만으로는 충분하지 않다. 우리의 마음속에서 우리를 구원하고 정결하게 하는 진리의 영향력, 곧 그 능력을 직접 경험해야 한다.

맥체인은 이 점과 관련해 큰 본을 보여주었다. 그의 친구이자 전기 작가인 앤드류 보나르는 "(그는) 자신이 먹는 것으로 다른 사람들을 먹였다."라고 말하면서 "어떤 점에서 그의 설교는 그의 영혼이 경험한 것을 차례로 전한 것이었다."고 덧붙였다.[10] 오웬도 정확히 그와 똑같은 말을 남겼

---

**9.** Owen, The True Nature of a Gospel Church and Its Government, in Works, 16:76.

**10.** Bonar, *Memoir & Remains*, 36.

다. 그는 "설교를 자신의 영혼에 전하는 사람만이 다른 사람에게 설교를 잘 전할 수 있다. 다른 사람들에게 공급하는 양식을 스스로 먹고 소화해 잘 성장하지 않는 사람은 그 양식을 다른 사람에게 풍미 있게 제공할 수 없다…말씀이 우리 안에서 능력으로 역사하지 않으면 우리를 통해 능력 있게 전달될 수 없다."고 말했다.[11]

셋째, 스펄전은 목사의 개인적인 인격이 모든 점에서 그의 사역과 온전히 일치해야 한다고 말했다.[12] 간단히 말해, 목사의 삶과 교리가 조화를 이루고, 그의 말과 행위가 일치해야 한다. 물론, 그렇다고 해서 죄 없는 완전한 상태를 요구하는 것은 아니다. 이것은 믿음과 회개의 은혜로 잘 훈련된 마음을 요구할 뿐이다. 다시 말해, 늘 거룩함을 추구하며, 죄를 죽이려고 노력해야 한다. 그리스도를 영화롭게 하고, 그분의 교회를 보호할 수 있는 흠 없는 삶을 사는 것이 필요하다.

---

**11.** Owen, *True Nature of a Gospel Church*, in *Works*, 16:76.

**12.** Spurgeon, *Lectures to My Students*, 12.

오늘날의 교회에 이보다 더 절실히 필요한 것은 없을 것이다. 수치스러운 죄를 지은 목사들이 너무나도 많다. 유명한 설교자들이 도덕상의 잘못을 범해 불명예스러운 이름을 남긴 사례가 적지 않다. 한때는 하나님과 함께 막강한 능력을 발휘했던 사람들이 지금은 전쟁에서 패배한 패잔병처럼 변해 버린 안타까운 이야기가 허다하다. 나는 그런 이야기를 전해 들을 때면 두려워하며 기도한다. 깨어 경계하는 마음을 새롭게 해달라고 간구한다. 유혹에 빠지지 않을 목사나 신자는 아무도 없다.

우리는 연약하고 무능력하기 때문에 우리 혼자 힘으로는 넘어질 수밖에 없다. 따라서 우리 모두 주님께 우리 자신을 의탁해야 한다. 목사들의 경우는 특히 더 그래야 한다. 하나님의 사랑 안에서 자기 자신을 지켜야 한다(유 21절). "능히 너희를 보호하사 거침이 없게 하시고 너희로 그 영광 앞에 흠이 없이 기쁨으로 서게 하실 이"를 의지해야 한다. 그리고 그분에게 "영광과 위엄과 권력과 권세가 영원 전부터 이제와 영원토록 있기를" 기도해야 한다(유 24-25절).

**개혁된 실천 시리즈** ───────

### 1. 조엘 비키의 교회에서의 가정
**설교 듣기와 기도 모임의 개혁된 실천**

조엘 비키 지음 | 유정희 옮김

이 책은 가정생활의 두 가지 중요한 영역에 대한 실제적 지침을 포함하고 있다. 첫째, 공예배를 위해 가족들을 어떻게 준비시켜야 하는지, 설교 말씀을 어떻게 받아야 하는지, 그 말씀을 어떻게 실천해야 하는지 설명한다. 둘째, 기도 모임이 교회의 부흥과 얼마나 관련이 깊은지 역사적으로 고찰하면서, 기도 모임의 성경적 근거를 제시하고, 그 목적을 설명하며, 나아가 바람직한 실행 방법을 설명한다.

### 2. 존 오웬의 그리스도인의 교제 의무
**그리스도인의 교제의 개혁된 실천**

존 오웬 지음 | 김태곤 옮김

이 책은 그리스도인 상호 간의 교제에 대해 청교도 신학자이자 목회자였던 존 오웬이 저술한 매우 실천적인 책으로서, 이 책에서 우리는 청교도들이 그리스도인의 교제를 얼마나 중시했는지 엿볼 수 있다. 이 책은 그리스도인의 교제에 대한 핵심 원칙들을 담고 있다. 교회 안의 그룹 성경공부에 적합하도록 각

장 뒤에는 토의할 문제들이 부가되어 있다.

### 3. 개혁교회의 가정 심방
**가정 심방의 개혁된 실천**

피터 데 용 지음 | 조계광 옮김

목양은 각 멤버의 영적 상태를 개별적으로 확인하고 권면하고 돌보는 일을 포함한다. 이를 위해 교회는 역사적으로 가정 심방을 실시하였다. 이 책은 외국 개혁교회에서 꽃피웠던 가정 심방의 실제 모습을 보여주며, 한국 교회 안에서 행해지는 가정 심방의 개선점을 시사해준다.

### 4. 네덜란드 개혁교회의 자녀양육
**자녀양육의 개혁된 실천**

야코부스 꿀만 지음 | 유정희 옮김

이 책에서 우리는 17세기 네덜란드 개혁교회 배경에서 나온 자녀양육법을 살펴볼 수 있다. 경건한 17세기 목사인 야코부스 꿀만은 자녀양육과 관련된 당시의 지혜를 한데 모아서 구체적인 282개 지침으로 꾸며 놓았다. 부모들이 이 지침들을 읽고 실천하면 큰 도움을 받을 수 있게 하였다. 의도는 선하더라도 방법을 모르면 결과를 낼 수 없다. 우리 그리스도인 부모들은 구체적인 자녀양육 방법을 배우고 실천해야 한다.

## 5. 신규 목회자 핸드북
제이슨 헬로포울로스 지음 | 리곤 던컨 서문 | 김태곤 옮김

이 책은 새로 목회자가 된 사람을 향한 주옥같은 48가지 조언을 담고 있다. 리곤 던컨, 케빈 드영, 앨버트 몰러, 알리스테어 베그, 팀 챌리스 등이 이 책에 대해 극찬하였다. 이 책은 읽기 쉽고 매우 실천적이며 유익하다.

## 6. 신약 시대 신자가 왜 금식을 해야 하는가
**금식의 개혁된 실천**
대니얼 R. 하이드 지음 | 김태곤 옮김

금식은 과거 구약 시대에 국한된, 우리와 상관없는 실천사항인가? 신약 시대 신자가 정기적인 금식을 의무적으로 행해야 하는가? 자유롭게 금식할 수 있는가? 금식의 목적은 무엇인가? 이 책은 이런 여러 질문에 답하면서, 이 복된 실천사항을 성경대로 회복할 것을 촉구한다.

## 7. 개혁교회 공예배
**공예배의 개혁된 실천**
대니얼 R. 하이드 지음 | 이선숙 옮김

많은 신자들이 평생 수백 번, 수천 번의 공예배를 드리지만 정작 예배에 대해서 제대로 이해하지 못하는 경우가 많다. 당신은 예배가 왜 지금과 같은 구조와 순서로 되어 있는지 이해하고 예배하는가? 신앙고백은 왜 하는지, 목회자가 왜

대표로 기도하는지, 말씀은 왜 읽는지, 축도는 왜 하는지 이해하고 참여하는가? 이 책은 분량은 많지 않지만 공예배의 핵심 사항들에 대하여 알기 쉽게 알려준다.

## 8. 아이들이 공예배에 참석해야 하는가
**아이들의 예배 참석의 개혁된 실천**
대니얼 R. 하이드 지음 | 유정희 옮김

아이들만의 예배가 성경적인가? 아니면 아이들도 어른들의 공예배에 참석해야 하는가? 성경은 이에 대해 무엇을 말하는가? 아이들의 공예배 참석은 어떤 유익이 있으며 실천적인 면에서 주의할 점은 무엇인가? 이 책은 아이들의 공예배 참석 문제에 대해 성경을 토대로 돌아보게 한다.

## 9. 마음을 위한 하나님의 전투 계획
**청교도가 실천한 성경적 묵상**
데이비드 색스톤 지음 | 조엘 비키 서문 | 조계광 옮김

묵상하지 않으면 경건한 삶을 살 수 없다. 우리 시대에 일어나고 있는 일이 바로 이것이다. 오늘날은 명상에 대한 반감으로 묵상조차 거부한다. 그러면 무엇이 잘못된 명상이고 무엇이 성경적 묵상인가? 저자는 방대한 청교도 문헌을 조사하여 청교도들이 실천한 묵상을 정리하여 제시하면서, 성경적 묵상이란 무엇이고, 왜 묵상을 해야 하며, 어떻게

구체적으로 묵상을 실천하는지 알려준다. 우리는 다시금 이 필수적인 실천사항으로 돌아가야 한다.

## 10. 장로와 그의 사역
### 장로 직분의 개혁된 실천
데이비드 딕슨 지음 | 김태곤 옮김

장로는 무슨 일을 하는 사람인가? 스코틀랜드 개혁교회 장로에게서 장로의 일에 대한 조언을 듣자. 이 책은 장로의 사역에 대한 지침서인 동시에 남을 섬기는 삶의 모델을 보여주는 책이다. 이 책 안에는 비단 장로뿐만 아니라 모든 그리스도인이 본받아야 할, 섬기는 삶의 아름다운 모델이 담겨 있다. 이 책은 따뜻하고 영감을 주는 책이다.

## 11. 9Marks 마크 데버, 그렉 길버트의 설교
### 설교의 개혁된 실천
마크 데버, 그렉 길버트 지음 | 이대은 옮김

1부에서는 설교에 대한 신학을, 2부에서는 설교에 대한 실천을 담고 있고, 3부는 설교 원고의 예를 담고 있다. 이 책은 신학적으로 탄탄한 배경 위에서 설교에 대해 가장 실천적으로 코칭하는 책이다.

## 12. 북미 개혁교단의 교회개척 매뉴얼
### URCNA 교단의 공식 문서를 통해 배우는 교회개척 원리와 실천

이 책은 북미연합개혁교회(URCNA)라는 개혁 교단의 교회개척 매뉴얼로서, 교회개척의 첫 걸음부터 그 마지막 단계까지 성경의 원리에 입각한 교회개척 방법을 가르쳐준다. 모든 신자는 함께 교회를 개척하여 그리스도의 나라를 확장해야 한다.

## 13. 예배의 날
### 제4계명의 개혁된 실천
라이언 맥그로우 지음 | 조계광 옮김

제4계명은 십계명 중 하나로서 삶의 골간을 이루는 중요한 계명이다. 하나님의 뜻을 따르는 우리는 이를 모호하게 이해하고, 모호하게 실천하면 안 되며, 제대로 이해하고, 제대로 실천해야 한다. 이를 위해 우리는 이 계명의 참뜻을 신중하게 연구해야 한다. 이 책은 가장 분명한 논증을 통해 제4계명의 의미를 해석하고 밝혀준다. 하나님은 그날을 왜 제정하셨나? 그날은 얼마나 복된 날이며 무엇을 하면서 하나님의 복을 받는 날인가? 교회사에서 이 계명은 어떻게 이해되었고 어떤 학설이 있고 어느 관점이 성경적인가? 오늘날 우리는 이 계명을 어떻게 지킬 것인가?

## 14. 생기 넘치는 교회의 4가지 기초
**건강한 교회 생활의 개혁된 실천**
윌리엄 보에케스타인, 대니얼 하이드 공저

이 책은 두 명의 개혁과 목사가 교회에 대해 저술한 책이다. 이 책은 기존의 교회성장에 관한 책들과는 궤를 달리하며, 교회의 정체성, 권위, 일치, 활동 등 네 가지 영역에서 성경적 원칙이 확립되고 '질서가 잘 잡힌 교회'가 될 것을 촉구한다. 이 4가지 부분에서 성경적 실천이 조화롭게 형성되면 생기 넘치는 교회가 되기 위한 기초가 형성되는 셈이다. 이 네 영역 중 하나라도 잘못되고 무질서하면 그만큼 교회의 삶은 혼탁해지며 교회는 약해지게 된다.

## 15. 9Marks 힘든 곳의 지역 교회
**가난하고 곤고한 곳에 교회가 어떻게 생명을 가져다 주는가**
메즈 맥코넬, 마이크 맥킨리 지음 | 김태곤 옮김

이 책은 각각 브라질, 스코틀랜드, 미국 등의 빈궁한 지역에서 지역 교회 사역을 해 오고 있는 두 명의 저자가 그들의 실제 경험을 바탕으로 쓴 책이다. 이 책은 그런 지역에 가장 필요한 사역, 가장 효과적인 사역, 장기적인 변화를 가져오는 사역이 무엇인지 가르쳐준다. 힘든 곳에 사는 사람들을 긍휼히 여기는 마음이 있다면 꼭 참고할 만한 책이다.

## 16. 단순한 영성
**영적 훈련의 개혁된 실천**
도널드 휘트니 지음 | 이대은 옮김

본서는 단순한 영성을 구현하기 위한 영적 훈련 방법에 대한 소중한 조언으로 가득하다. 성경 읽기, 성경 묵상, 기도하기, 일지 쓰기, 주일 보내기, 가정 예배, 영적 위인들로부터 유익 얻기, 독서하기, 복음전도, 성도의 교제 등 거의 모든 분야의 영적 훈련에 대해 말하고 있다. 조엘 비키 박사는 이 책의 내용의 절반만 실천해도 우리의 영적 생활이 분명 나아질 것이라고 한다. 그리고 한 장씩 주의하며 읽고, 날마다 기도하며 실천하라고 조언한다.